목차

공룡의 세계로 들어가며

공룡은 누구인가?	12
공룡은 어디에서 왔을까?	14
트라이아스기	17
쥐라기	18
백악기	20
공룡을 분류하자	22
거대한 공룡 가족	24

신비한 공룡 사전 ㄱ부터 ㅎ까지

갈리미무스	28	나누크사우루스	36
고르고사우루스	30	니게르사우루스	38
구안롱	32	데이노니쿠스	40
기가노토사우루스	34	데이노케이루스	42

덴베르사우루스	44	브라키오사우루스	80
드리오사우루스	46	브라키트라켈로판	82
디플로도쿠스	48	브론토사우루스	84
딜로포사우루스	50	사우롤로푸스	86
라페토사우루스	52	센트로사우루스	88
리무사우루스	54	슈노사우루스	90
마기아로사우루스	56	스칸소리옵테릭스	92
마멘키사우루스	58	스켈리도사우루스	94
마시아카사우루스	60	스쿠텔로사우루스	96
마준가사우루스	62	스테고사우루스	98
메갈로사우루스	64	스테노니코사우루스	100
메이	66	스피노사우루스	102
메트리아칸토사우루스	68	시노사우롭테릭스	104
모놀로포사우루스	70	시노사우루스	106
미라가이아	72	아르겐티노사우루스	108
미크로랍토르	74	아르카이옵테릭스	110
바리오닉스	76	아마르가사우루스	112
벨로키랍토르	78	아크로칸토사우루스	114

아파토사우루스	116	유티라누스	152
아프로베나토르	118	이	154
안키오르니스	120	이구아노돈	156
안킬로사우루스	122	인룽	158
알로사우루스	124	친타오사우루스	160
알바레즈사우루스	126	카르노타우루스	162
알베르토사우루스	128	카르카로돈토사우루스	164
양추아노사우루스	130	카마라사우루스	166
에드몬토사우루스	132	캄프토사우루스	168
에오랍토르	134	케라토사우루스	170
에오티라누스	136	켄트로사우루스	172
에우스트렙토스폰딜루스	138	코레아케라톱스	174
오르니토미무스	140	코일로피시스	176
오르니톨레스테스	142	콘카베나토르	178
오릭토드로메우스	144	콤프소그나투스	180
오비랍토르	146	쿤바라사우루스	182
우넨라기아	148	크리올로포사우루스	184
우타랍토르	150	키티파티	186

타르보사우루스	188	프레노케팔레	208
테논토사우루스	190	프로토케라톱스	210
테리지노사우루스	192	프시타코사우루스	212
토로사우루스	194	플라테오사우루스	214
트리케라톱스	196	피나코사우루스	216
티라노사우루스	198	피아트니츠키사우루스	218
파라사우롤로푸스	200	하드로사우루스	220
파키리노사우루스	202	헤테로돈토사우루스	222
파키케팔로사우루스	204	후아양고사우루스	224
펠레카니미무스	206	힙실로포돈	226

공룡은 모두 어디로 갔을까?

백악기 대멸종 사건	230
공룡은 살아 있다?	232
지금도 공룡의 시대	234
공룡 화석은 어떻게 연구할까?	236
공룡 화석을 볼 수 있는 우리나라 박물관	240

공룡의 세계로 들어가며

공룡은 누구인가?

'공룡' 하면 어떤 모습이 떠오르는가? 어떤 사람은 기다란 목을 가진 거대한 브론토사우루스를 떠올릴 것이다. 또 어떤 사람은 커다란 머리, 뾰족한 이빨로 가득한 큰 입, 뾰족한 발톱을 가진 거대한 티라노사우루스를 상상할 것이다. 머리에 뿔이 솟아 있는 트리케라톱스를 생각하는 사람도 있을 것이다. 공룡은 실제로 종류가 매우 다양하다. 과학자들이 현재까지 화석으로 확인한 공룡의 종류만 1000가지가 넘는다. 이 중에는 몸무게가 제트기보다 무거운 초식 공룡도 있지만, 몸집이 닭보다도 작은 귀여운 육식 공룡도 있다. 이처럼 공룡은 모습과 크기가 너무나도 다양해서 이들의 생김새만으로는 공룡이 어떤 동물인지 쉽게 콕 짚어 이야기하기가 어렵다. 오늘날 살아 있는 동물들과 아주 다르게 생겨서 공룡이 그저 과학을 소재로 한 영화나 만화에 등장하는 괴수이거나 일부 사람들이 지어낸 허구일 뿐이라고 믿는 사람들도 있다.

하지만 누가 뭐라 해도 공룡은 정말로 존재한 동물이다. 이들은 파충류에 속하며, 지금으로부터 약 2억 3300만 년 전에 등장했다. 공룡은 다른 파충류인 도마뱀, 거북, 악어처럼 알을 낳았다. 하지만 이들과 차이점이 한 가지 있는데, 바로 다리 구조다. 도마뱀과 거북과 악어는 다리가 몸의 양옆으로 뻗어 있다. 반면에 공룡은 다리가 사람처럼 몸 아래로 뻗어 있었다.

다리가 뻗어 있는 방향이 다르면 걸어 다니는 방법도 다를 수밖에 없다. 도마뱀과 악어는 다리가 몸 옆으로 뻗어 있어서 걷거나 뛸 때 몸을 지그재그로 구부려야 한다. 그러면 힘도 많이 들뿐더러 폐가 눌려서 숨을 쉬기도 어렵다. 그래서 오래 걷거나 뛸 수 없다.

반면에 공룡은 다리가 몸 아래로 뻗어 있어서 걸을 때 몸을 구부릴 필요가 없다. 우리처럼 다리만 움직여서 쉽게 걸어 다니며 숨도 편하게 쉴 수 있다. 따라서 공룡은 오래 걷거나 뛸 수 있었다. 그런데 공룡은 다리가 왜 다른 파충류와는 다른 방향으로 뻗었을까? 그건 바로 골반과 허벅지뼈(넓다리뼈)가 만나는 부위가 특이하기 때문이다.

도마뱀

공룡

도마뱀(위)과 공룡(아래)이 걷는 모습. 도마뱀은 걷거나 뛸 때마다 몸을 뒤틀어야 하므로 폐 한쪽이 심하게 눌린다. 하지만 공룡은 걷거나 뛸 때 다리만 움직이므로 폐가 전혀 눌리지 않는다.

공룡의 골반에는 양옆으로 큰 구멍 한 쌍이 뚫려 있다. 이 구멍에는 허벅지뼈의 꺾인 윗부분이 딱 들어맞는다. 이처럼 골반에 난 구멍에 허벅지뼈의 윗부분이 직각으로 꺾여서 쏙 들어간 동물은 지구상에 공룡밖에 없다. 우리는 이 특징을 가진 동물들만 묶어서 공룡이라 부른다. 바다 도마뱀인 모사사우루스를 공룡이라 부르지 않는 건 모사사우루스에게는 바로 이 특징이 없기 때문이다. 같은 이유로 익룡과 수장룡과 어룡도 공룡이 아니다.

공룡의 골반 구조. 공룡 골반의 옆면에는 큰 구멍 한 쌍이 나 있는데, 여기에 허벅지뼈의 윗부분이 쏙 들어간다. 이 구멍은 공룡에게서만 볼 수 있는 특징이다.

허벅지뼈의 윗부분이 들어가는 구멍

공룡이란 이름은 누가 지었을까?

'공룡'은 '恐(두려울-공)'과 '龍(용-용)'을 합쳐서 만든 한자어다. 원래는 1842년에 영국의 과학자 리처드 오언이 당시에 발견된 공룡 화석들을 보고 그리스어로 '무서운 도마뱀'이란 뜻의 '디노사우르(dinosaur)'란 이름을 붙였다.

수십 년이 지나 이 이름이 일본에서 한자로 번역되어 우리나라로 전해진 것이다.

영국의 과학자 리처드 오언의 모습(1870년대 사진).

공룡은 어디에서 왔을까?

지금으로부터 약 2억 4500만 년 전에 모든 공룡의 조상이 되는 동물이 지구상에 등장했다. 악어의 가까운 친척인 이 동물은 몸집이 치와와만 했으며 긴 뒷다리를 가지고 있었다. 이 작은 동물로부터 약 2억 3300만 년 전에 최초의 공룡이 진화했다. 하지만 최초의 공룡은 이들의 조상과 마찬가지로 작은 몸집을 한 보잘것없는 동물이었다. 남아메리카와 아프리카 대륙의 남쪽 지역에서만 이들의 화석이 발견되기 때문에 아마도 최초의 공룡은 남반구에서 살았을 것으로 추정된다.

최초의 공룡이 살던 지구는 오늘날의 모습과 전혀 달랐다. 북아메리카, 남아메리카, 아프리카, 유라시아, 오스트레일리아, 남극까지 거의 모든 대륙이 한곳에 모여 있었다. 그래서 당시의 동물들은 비행기나 배 없이도 지구 곳곳을 돌아다닐 수 있었다. 대륙들이 하나로 모여 만들어진 그때의 거대한 땅덩어리를 '판게아'라고 부른다.

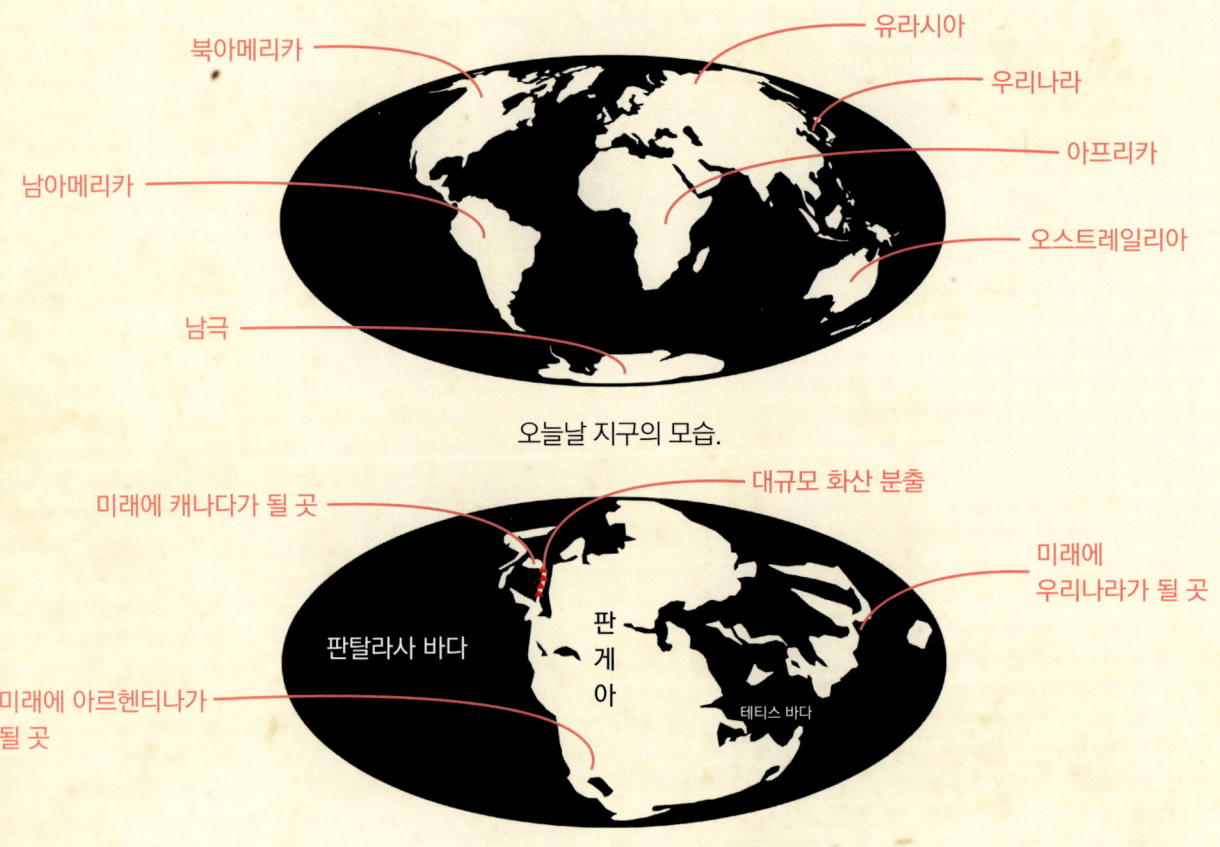

오늘날 지구의 모습.

2억 3000만 년 전 지구의 모습.

판게아는 바다와 맞닿은 가장자리를 빼면 무더운 사막이 대부분인 아주 메마른 곳이었다. 바다에서 만들어진 비구름이 판게아의 안쪽에 도착하기 한참 전에 비가 되어 내려 버렸기 때문이다. 이 무더운 판게아 왕국의 주인은 거대한 원시 악어였다. 당시에 살던 원시 악어 중에는 몸길이가 5미터나 되는 거대한 육식성도 있었고, 옆구리에 긴 가시가 솟아 있는 초식성도 있었다.

미국 자연사 박물관에 전시된 원시 악어 프레스토수쿠스의 골격. 몸길이가 5미터나 된다.

원시 악어 말고도 포유류의 조상이라 할 수 있는 동물인 디키노돈트류도 이때 번성했다. 디키노돈트류는 각질로 된 부리, 상아가 솟아 있는 큰 머리, 굵고 커다란 몸통, 짧은 다리와 꼬리를 가진 괴상한 동물들이다. 작은 종류는 토끼만 했지만, 큰 종류는 몸집이 코끼리와 맞먹었다. 이들은 판게아에서 가장 번성한 초식 동물이었다.

이때 공룡은 몸집이 닭만 했고 수도 그리 많지 않았다. 당시에 살았던 육상

미국의 레인보 포리스트 박물관에 전시된 디키노돈트류 플라케리아스. 하마만 한 덩치를 지녔다.

척추동물 수의 겨우 5퍼센트를 차지했다. 최초의 공룡들은 거대한 원시 악어와 디키노돈트류를 피해 다니며 살았다. 이들은 도마뱀처럼 생긴 작은 동물이나 곤충을 잡아먹으며 조용히 지냈다.

그런데 2억 3000만 년 전 상황이 뒤바뀌었다. 오늘날의 캐나다에 해당하는 지역에서 화산이 대규모로 폭발했다. 이때 땅 위로 쌓인 용암의 두께는 무려 6킬로미터에 이르렀다. 화산이 크게 분출하자 지구의 기후가 따뜻해졌다. 그리고 따뜻한 기후 때문에 바다에서는 예전보다 훨씬 더 큰 비구름이 어마어마하게 많이 만들어질 수 있었다.

이 거대한 비구름들은 판게아의 안쪽까지 쉽게 도달해 엄청나게 많은 비를 뿌렸다. 어떤 지역은 연 강수량이 최대 1400밀리미터나 되었다. 비가 이렇게 많이 내리자 지구 곳곳에 큰 홍수가 해마다 일어났다.

많은 원시 악어와 디키노돈트류가 환경 변화에 적응하지 못하고 멸종했다. 하지만 몸집이 작은 최초의 공룡들은 운이 좋게도 이 힘든 환경 속에서 잘 살아남을 수 있었다.

해마다 반복되던 홍수가 200만 년 만에 드디어 끝이 나자 지구는 덥고 습한 환경이 되었다. 눈치를 볼 거대한 원시 악어나 디키노돈트류가 사라졌기 때문에 공룡들은 이들의 빈자리를 채워 가며 다양한 모습으로 진화했다. 목이 길어지거나, 이빨과 발톱이 날카로워지거나, 등과 머리에 뿔이 솟아오르기 시작했다. 그 후 공룡의 수는 육상 척추동물 수의 90퍼센트를 차지하게 된다. 공룡의 시대는 이렇게 막이 올랐다.

최초의 공룡 가운데 하나인 부리올레스테스의 복원 모형.
이 책에서 소개할 공룡인 에오랍토르와 비슷한 종류다.

트라이아스기

최초의 공룡은 트라이아스기라고 불리는 시기에 등장했다. 트라이아스기는 약 2억 5100만 년 전부터 2억 100만 년 전까지를 말한다. 이 시기에 공룡만 등장한 것은 아니다. 우리의 머나먼 조상인 원시 포유류도 함께 등장했다. 하지만 이들은 최초의 공룡보다도 몸집이 작았다. 워낙 작아서 공룡들의 한입 간식거리밖에 되지 않았다.

앞서 언급했듯이 이때의 지구는 오늘날과 달랐다. 거의 모든 대륙이 한곳에 모여 판게아라고 불리는 거대한 땅덩어리를 이루었다. 판게아는 덥고 건조했으며 가장자리에만 비가 많이 내렸다. 극지방에는 빙하도 없었다. 물이 고여 있는 곳 주변으로는 주로 은행나무, 소철, 고사리 같은 식물이 많이 자랐다. 오늘날과 달리 꽃이 피는 식물은 전혀 없었다.

공룡의 가까운 친척인 익룡도 트라이아스기에 등장했다. 이들은 긴 네 번째 앞발가락과 뒷다리를 이어 주는 얇고 질긴 피부막과 강한 앞다리 근육을 이용해 하늘을 날아다녔다. 최초의 거북도 이때 처음 모습을 드러냈다.

미국 자연사 박물관에 전시된 플라테오사우루스의 전신 골격.
트라이아스기 후기에 등장한 거대 초식 공룡 중 하나다.

쥐라기

트라이아스기가 끝나고 2억 100만 년 전부터 1억 4500만 년 전까지의 시기를 쥐라기라고 부른다. 몸집이 사람보다 작은 육식 공룡이 많았던 트라이아스기와 달리, 쥐라기 때에는 크고 작은 다양한 초식 공룡과 육식 공룡이 살았다. 특히 몸집이 크고 목이 긴 용각류와 등에 뼈로 된 판들이 솟아 있는 검룡류가 번성했다. 하지만 우리의 조상인 원시 포유류는 이때에도 여전히 몸집이 작았다. 대부분은 함께 살았던 육식 공룡의 이빨만 한 크기였다.

미국의 로스앤젤레스 자연사 박물관에 전시된 알로사우루스(왼쪽)와 스테고사우루스(오른쪽)의 골격. 쥐라기를 대표하는 공룡이다.

쥐라기의 지구는 트라이아스기 때와는 조금 달랐다. 판게아가 크게 두 개의 대륙으로 나뉘었기 때문이다. 하나는 오늘날의 북아메리카와 유라시아가 속한 북반구의 '로라시아' 대륙, 다른 하나는 남아메리카, 아프리카, 인도, 오스트레일리아, 남극이 속한 남반구의 '곤드와나' 대륙이 되었다.

1억 5200만 년 전에서 1억 4500만 년 전 사이 지구의 모습.

두 대륙 사이에 크고 작은 바닷길이 열리면서 많은 비구름이 각 대륙의 안쪽까지 도달할 수 있었다. 그래서 쥐라기의 기후는 이전보다 덥고 습했다. 이런 환경에서는 식물들이 무럭무럭 잘 자란다. 그래서 트라이아스기 때보다 더 큰 은행나무와 고사리가 쥐라기의 지구 곳곳을 덮었다. 하지만 이때의 식물들은 덩치만 컸지 영양가는 매우 적었다.

그래서 초식 공룡들은 식물을 엄청 많이 먹어야만 했다. 먹이를 한꺼번에 많이 먹는 몇몇 초식 공룡들은 먹이를 소화하는 위장이 커지면서 몸집도 무지막지하게 거대해졌다. 1억 5400만 년 전에서 1억 5300만 년 전 사이 북아메리카 대륙에서 살았던 브라키오사우루스는 무려 몸길이가 36미터에 몸무게는 30톤이나 나갔다. 아프리카코끼리 5마리와 맞먹는 크기다.

쥐라기 때는 용각류나 검룡류 말고도 우리에게 익숙한 동물들이 등장했다. 공룡보다 오래된 동물 같지만 개구리와 도롱뇽은 쥐라기에 처음 등장했다. 이들은 오늘날처럼 물이 고여 있는 곳에서 살며 곤충을 잡아먹었다. 최초의 새도 이때 등장해 하늘을 날아다녔지만 그리 흔하지는 않았다.

땅이 움직인다고?

눈에는 보이지 않지만 땅은 항상 움직이고 있다. 땅이 움직이는 속도는 손톱이 자라는 속도와 비슷하다. 땅이 움직이는 건 땅의 무게가 고르지 않기 때문이다. 땅의 무거운 부분이 지구 속으로 가라앉을 때 가벼운 부분은 끌려간다.

이렇게 움직이다 보면 땅이 찢어지기도 하는데, 이때 생긴 틈으로 땅 밑에 있던 물엿 같은 뜨거운 돌들이 올라온다. 이 돌들은 찢어진 틈을 메우면서 새로운 땅을 만든다.

거대한 땅덩어리인 판게아는 공룡이 처음 등장했던 트라이아스기 때부터 조금씩 갈라져서 쥐라기 때에는 더 작은 대륙들로 나뉘었다. 이 대륙들 사이로 새로운 바닷길이 생겨났는데, 아메리카와 아프리카 사이에 있는 대서양은 이때 만들어졌다. 우리에게 익숙한 오늘날 대륙의 모습은 백악기 때 거의 완성되었다.

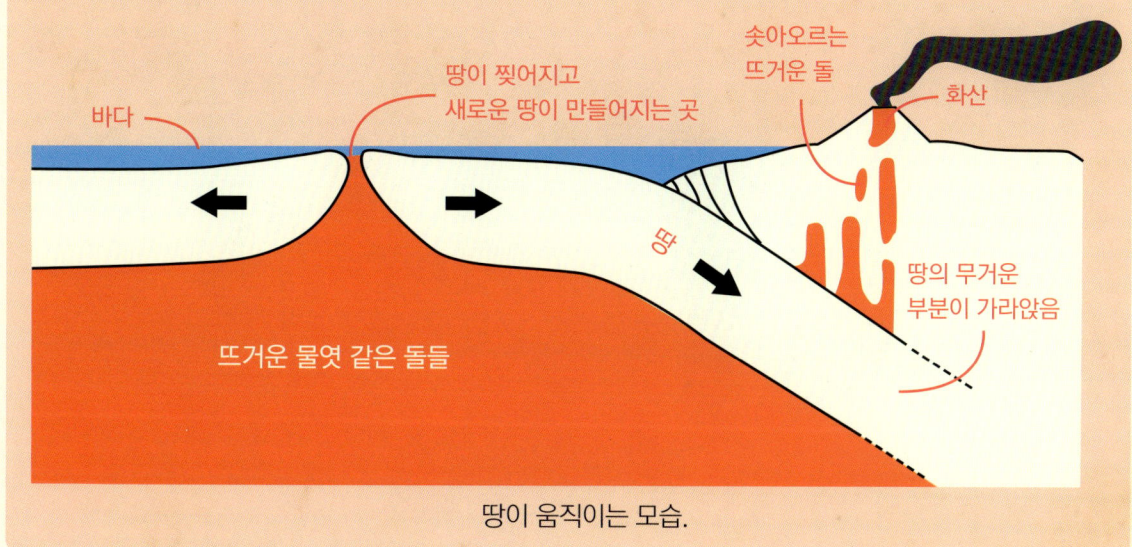

땅이 움직이는 모습.

백악기

쥐라기가 끝나고 1억 4500만 년 전부터 6600만 년 전까지의 시기를 백악기라고 한다. 쥐라기에 번성하던 검룡류는 백악기로 접어들면서 서서히 모습을 감추기 시작한다. 그러자 머리에 뿔이 솟고 뼈로 된 부리를 가진 각룡류, 발굽 같은 발톱을 가진 조각류 등 또 다른 다양한 초식 공룡들이 등장해 검룡류의 자리를 메웠다. 초식 공룡의 종류가 많아지니 이들을 잡아먹는 육식 공룡도 다양해졌다. 작고 민첩한 데이노니쿠스부터 먹잇감의 뼈까지 씹어 먹는 티라노사우루스까지 온갖 육식 공룡이 지구 곳곳을 누볐다.

7200만 년 전부터 6600만 년 전 사이 지구의 모습.

대륙들이 쥐라기보다 백악기에 더 많이 움직이면서 백악기의 지구는 오늘날의 모습과 아주 비슷해졌다. 백악기가 시작될 무렵엔 쥐라기보다 기후가 더 따뜻했지만 시간이 지날수록 점점 시원해졌다. 트라이아스기 때처럼 극지방에 빙하는 없었지만 가끔 눈이 오기도 했다. 북반구의 로라시아 대륙은 북아메리카와 유라시아로 갈라졌다. 하지만 이따금 바다가 낮아져 이 두 대륙을 잇는 가늘고 긴 땅이 생기기도 했다. 이때 많은 공룡이 유라시아와 북아메리카를 오갔다.

미국 스미스소니언 박물관에 전시된 트리케라톱스의 전신 골격. 백악기 후기 북아메리카 대륙에서 살던 대표적인 각룡류다.

영국의 옥스퍼드대학교 자연사 박물관에 전시된 에드몬토사우루스의 전신 골격. 백악기 후기 북아메리카 대륙에서 살았던 대표적인 조각류다.

　남반구의 곤드와나 대륙 또한 갈라졌는데, 특히 인도 대륙은 곤드와나 대륙과 완전히 분리되어 유라시아 근처까지 이동했다. 나중에 백악기가 끝나고 인도 대륙은 유라시아와 부딪쳐서 히말라야산맥을 만든다.

　마지막으로 백악기 하면 빠뜨릴 수 없는 사건이 하나 있다. 그건 바로 꽃의 등장이다. 백악기 전기에 식물이 씨를 만들기 위해 드디어 꽃을 피우기 시작하면서 지구의 숲은 예전보다 훨씬 더 화려해진다. 이때부터 식물은 꽃으로 곤충을 끌어들인다. 이로 인해 벌과 나비 같은 곤충들도 백악기에 나타난다.

공룡을 분류하자

공룡은 크게 용각형류, 조반류, 수각류, 이렇게 3가지 무리로 분류할 수 있다. 용각형류는 2억 3100만 년 전에 처음 등장해 6600만 년 전에 멸종했으며, 머리가 작고 목뼈가 최소 10개 이상 되는 공룡들이다. 조반류는 2억 년 전에 처음 등장해 6600만 년 전에 멸종했으며, 아래턱에 부리를 지탱하는 뼈가 있는 공룡들이다. 마지막으로 수각류는 2억 3100만 년 전에 처음 등장했으며, 두 뒷다리로 걷고 낫처럼 휘어진 날카로운 앞발톱을 가진 공룡들이다.

미국의 페롯 자연과학 박물관에 전시된 알라모사우루스(왼쪽)와 티라노사우루스(오른쪽)의 골격. 알라모사우루스는 전형적인 용각형류이고, 티라노사우루스는 전형적인 수각류이다. 둘 다 백악기가 끝날 무렵에 살았다.

영국의 옥스퍼드 대학교 자연사 박물관에 전시된 이구아노돈의 머리뼈. 조반류 공룡의 특징인 부리뼈가 보인다(하얀 화살표).

한때 과학자들은 용각형류와 수각류를 '용반류'라는 무리로 묶기도 했다. 용각형류와 수각류는 도마뱀의 골반과 비슷하게 골반의 앞부분이 튀어나와 있기 때문이었다. 하지만 최근에는 수각류를 조반류와 묶어서 '조퇴류'라고 부르는 과학자들도 있다. 수각류와 조반류는 발목뼈의 일부가 발바닥뼈와 합쳐지기 때문이다.

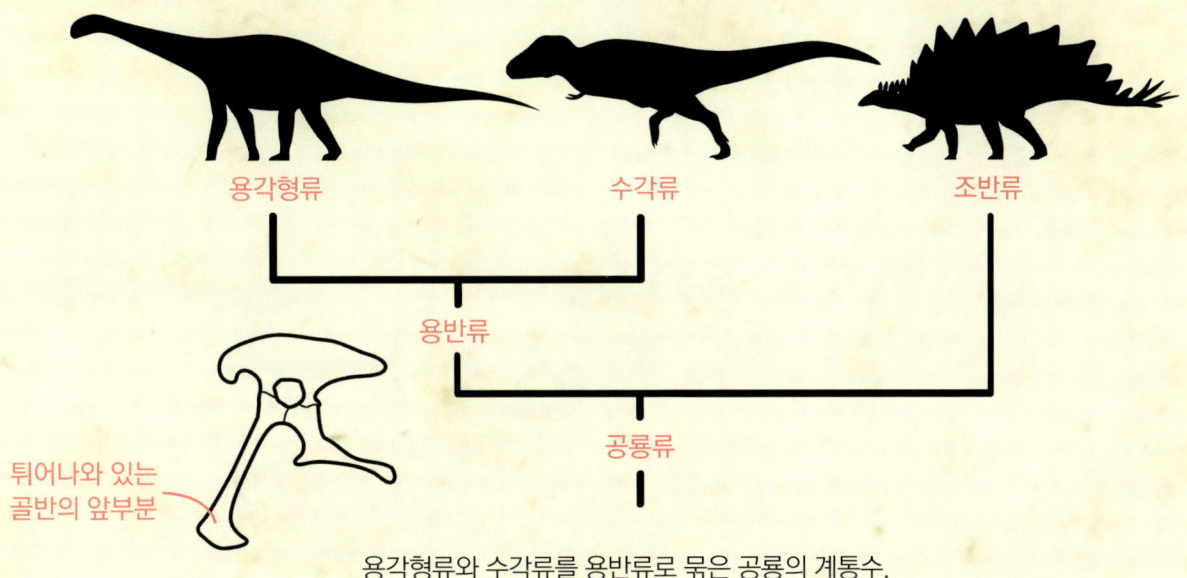

용각형류와 수각류를 용반류로 묶은 공룡의 계통수.

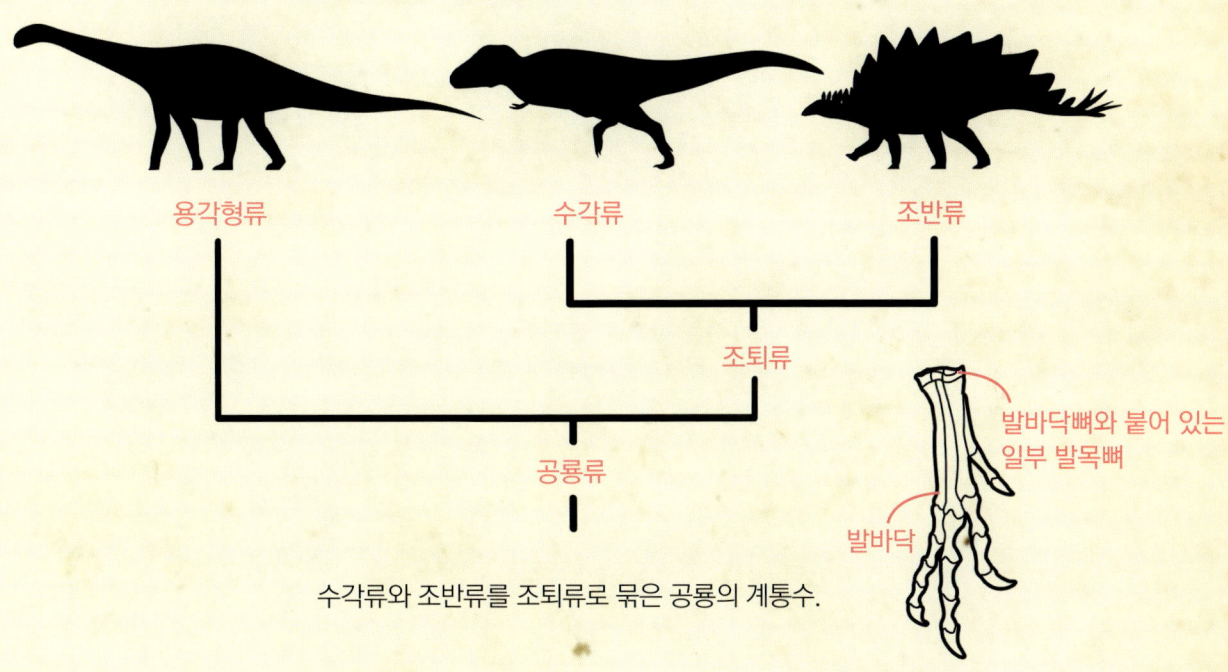

수각류와 조반류를 조퇴류로 묶은 공룡의 계통수.

어떤 의견이 맞을까? 안타깝게도 아직은 확실하지 않다. 더 많은 공룡 화석을 가지고 자세한 연구를 해야 한다. 여러분이 이 책을 읽고 있는 동안에도 과학자들은 열심히 연구하고 있다.

거대한 공룡 가족

아래는 공룡의 계통수다. 계통수란 생물의 진화 양상을 나무가 가지를 뻗어 나가듯이 나타낸 그림으로, 일종의 가계도 같은 것이다. 공룡은 뼈의 모양을 통해 크고 작은 여러 무리로 나뉠 수 있다. 가계도와 마찬가지로 가까운 가지에 있는 공룡들일수록 가까운 친척 관계다. 모든 공룡은 같은 조상으로부터 나왔다.

일러두기

* 공룡 실루엣과 함께 그려진 사람 실루엣의 높이는 165센티미터입니다.

* 공룡 실루엣 아래에 이텔릭체로 표기된 영문자는 공룡의 학명입니다. 우리나라에서는 공룡을 학명으로만 부릅니다.

* 88쪽에 나오는 센트로사우루스 *Centrosaurus*는 외래어 표기법에 따르면 '켄트로사우루스'라고 적어야 하지만 켄트로사우루스 *Kentrosaurus*와 헷갈리는 걸 막기 위해서 '센트로사우루스'라고 적었습니다.

신비한 공룡 사전
ㄱ부터 ㅎ까지

갈리미무스

이름 뜻: 닭을 닮음
분류: 수각류 〉테타누라류 〉코일루로사우루스류 〉오르니토미모사우루스류 〉오르니토미무스과
시대: 7000만 년 전, 백악기 후기 **분포**: 몽골
몸길이: 6미터 **몸무게**: 490킬로그램
식성: 초식성

머리가 작고 뒷다리가 길며 온몸이 깃털로 덮여 있다. 이빨은 없지만 각질로 된 부리를 가지고 있어 질긴 식물을 뜯거나 열매를 쪼아 먹었을 것이다. 갈리미무스의 뼈는 닭 뼈처럼 속이 텅 비어 있어서 몸집에 비해 몸무게가 가벼운 편이다. 뒷다리가 길고 몸이 가볍다 보니 상당히 빠른 속도로 뛸 수 있었을 것이다. 아마도 오늘날의 타조와 비슷한 속도인 시속 60킬로미터로 뛸 수 있었을 것으로 추정된다. 갈리미무스는 무시무시한 천적으로부터 도망치기 위해서 빨리 달려야 했다. 이들은 육식 공룡 타르보사우루스의 주된 먹잇감이었는데, 특히 다리가 길고 날렵한 '청소년기'의 타르보사우루스를 조심해야 했다. 한곳에서 여러 마리의 갈리미무스의 화석이 발견되기도 하는데, 이 때문에 몇몇 과학자들은 이 공룡이 무리 지어 살았을 것으로 추정한다. 갈리미무스는 개울, 강, 또는 얕은 호수 근처를 돌아다니며 살았다.

© Ballista

영국 런던의 자연사 박물관에 전시된, 갈리미무스의 골격.

Gallimimus

고르고사우루스

이름 뜻: 끔찍한 도마뱀
분류: 수각류 〉테타누라류 〉코일루로사우루스류 〉티라노사우루스상과 〉티라노사우루스과
시대: 7660만 년 전 ~ 7510만 년 전, 백악기 후기 **분포**: 캐나다, 미국
몸길이: 9미터 **몸무게**: 2.5톤
식성: 육식성

티라노사우루스의 가까운 친척이다. 티라노사우루스와 비슷하게 생겼지만 몸집이 더 작고 날씬하다. 머리뼈의 길이는 약 1미터로 머리는 몸에 비해 큰 편이다. 눈 위쪽에는 닭 볏처럼 생긴 작은 뼈 한 쌍이 솟아 있다. 윗니는 최대 38개, 아랫니는 최대 34개까지 난다. 앞다리는 몸에 비해 매우 짧으며 사람의 팔과 길이가 비슷하다. 반면에 뒷다리는 긴 편이어서 빠른 속도로 달릴 수 있다. 같은 시기에 살았던 초식성의 파라사우롤로푸스나 센트로사우루스를 잡아먹었을 것이다. 현재까지 발견된 고르고사우루스의 화석은 20마리가 넘는데, 나이가 서로 제각각이다. 그래서 과학자들은 이 공룡이 어떻게 자라나는지 연구할 수 있었다. 연구 결과에 따르면 고르고사우루스는 빨리 자랄 시기에는 1년에 최대 50킬로그램까지 몸무게가 늘어났다. 고르고사우루스 화석에서는 고르고사우루스가 살아 있었을 때 다친 흔적도 많이 발견된다. 처음으로 보고된 골격에서는 갈비뼈 두 개와 종아리뼈, 그리고 오른쪽 세 번째 발가락이 부러진 후 치유된 흔적들이 발견되었다. 육식 공룡의 삶이 얼마나 고단한지를 보여 주는 대표적인 예다. 고르고사우루스는 바닷가 근처의 범람원 지대에서 살았다.

ⓒ Sebastian Bergmann

캐나다의 왕립 티렐 박물관에 전시된, 고르고사우루스의 골격. 고르고사우루스가 발로 밟고 있는 것은 센트로사우루스다.

Gorgosaurus

구안롱

이름 뜻: 왕관을 쓴 용
분류: 수각류 〉 테타누라류 〉 코일루로사우루스류 〉 티라노사우루스상과 〉 프로케라토사우루스과
시대: 1억 6100만 년 전 ~ 1억 5700만 년 전, 쥐라기 후기 **분포**: 중국
몸길이: 3미터 **몸무게**: 110킬로그램
식성: 육식성

둥근 코와 길쭉한 주둥이를 가지고 있다. 콧등에는 길고 얇은 볏이 하나 솟아 있다. 이 볏은 나초 과자 두께의 얇은 뼈로 이루어져 충격에 굉장히 약하다. '왕관을 쓴 용'이란 뜻의 이름인 구안롱은 이 볏 때문에 붙여진 것이다. 볏을 어디에 썼는지는 알려진 바가 없다. 어쩌면 아름다운 수컷 공작의 꽁지깃처럼 이성을 유혹하는 데 썼을지도 모른다. 티라노사우루스와 고르고사우루스의 가까운 친척이다. 하지만 이들과는 달리 앞다리와 앞발가락이 길다. 어린 공룡의 화석도 발견된 덕분에 구안롱이 자라나면서 모습이 어떻게 변하는지도 알게 되었다. 어린 구안롱은 눈과 앞발이 크고 볏이 짧다. 게다가 뒷다리도 몸에 비해 길어서 다 자란 공룡보다 더 잘 뛸 수 있었다. 어린 구안롱이 다 자라기까지 걸린 시간은 7년 정도다. 구안롱은 강가와 습지에서 살았다.

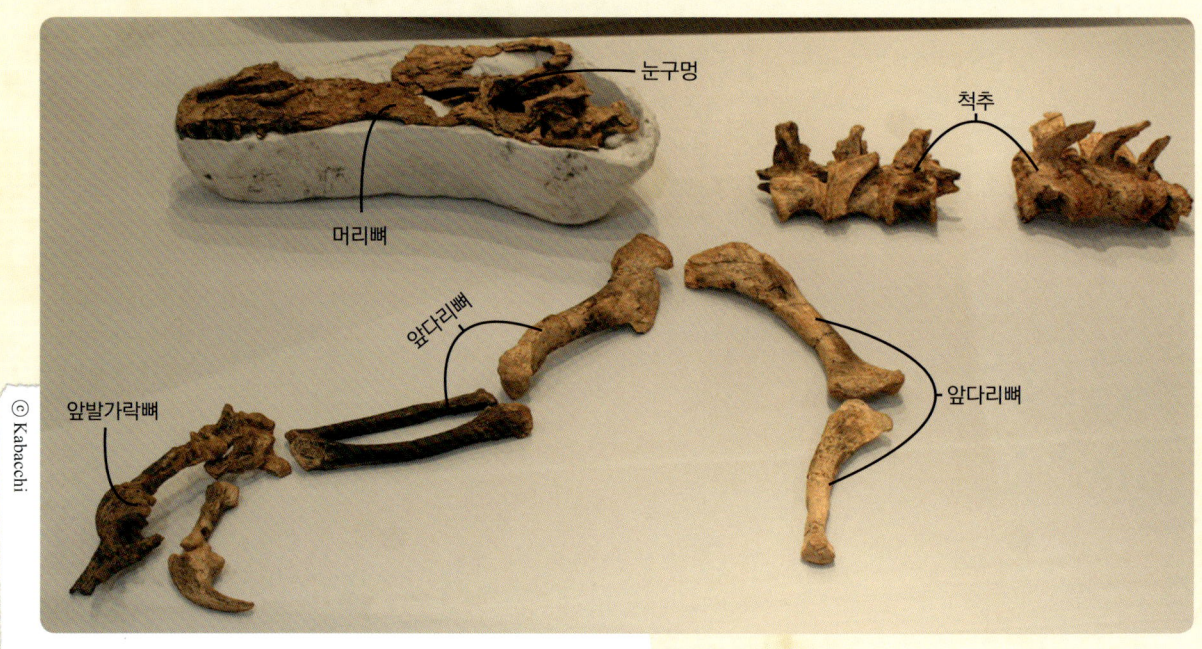

일본의 공룡 엑스포에서 전시된, 구안롱의 화석.

기가노토사우루스

이름 뜻: 거대한 남쪽 도마뱀

분류: 수각류 〉테타누라류 〉카르노사우루스류 〉카르카로돈토사우루스과

시대: 9800만 년 전 ~ 9700만 년 전, 백악기 후기 **분포:** 아르헨티나

몸길이: 13미터 **몸무게:** 13톤

식성: 육식성

티라노사우루스보다 몸집이 조금 더 큰 육식 공룡이다. 머리뼈의 너비는 좁지만 길이는 무려 2미터에 이른다. 콧등 뼈는 울퉁불퉁하며, 눈 위쪽에는 뼈로 된 작은 볏 한 쌍이 솟아 있다. 이빨은 칼날처럼 얇고 날카롭다. 가장 큰 이빨은 뿌리부터 이빨 끝까지 길이가 약 20센티미터나 된다. 머리가 좁고 길쭉하다 보니 턱을 움직이는 근육이 그리 크지 않았다. 그래서 티라노사우루스보다 무는 힘이 약했다. 하지만 턱을 다무는 속도는 티라노사우루스보다 빨랐을 것으로 추정된다. 아래턱의 앞쪽 끝부분이 두꺼워서 발버둥 치는 먹잇감을 물고 있어도 턱뼈가 뒤틀리지 않았을 것이라 보고 있다. 강한 목은 큰 머리를 지탱하는 데 적합했다. 목뼈에서는 공기주머니가 들어 있던 구멍들이 관찰된다. 이 공기주머니들은 기가노토사우루스의 목뼈를 가볍게 만드는 동시에 숨을 쉴 때 폐로 공기를 보내는 일도 했을 것이다. 기가노토사우루스는 강가나 늪 근처에서 살았다.

핀란드 헬싱키의 자연사 박물관에 전시된, 기가노토사우루스의 골격.

나누크사우루스

이름 뜻: 북극곰 도마뱀

분류: 수각류 〉테타누라류 〉코일루로사우루스류 〉티라노사우루스상과 〉티라노사우루스과

시대: 6900만 년 전, 백악기 후기 **분포**: 미국

몸길이: 6미터(추정) **몸무게**: 1.5톤(추정)

식성: 육식성

티라노사우루스의 가까운 친척이지만 몸길이는 티라노사우루스의 절반밖에 되지 않는다. 머리뼈의 파편들밖에 발견되지 않았기 때문에 정확한 크기나 자세한 모습은 알려지지 않았다. 티라노사우루스의 축소판처럼 생겼을 가능성이 크다. 발견된 화석들을 토대로 과학자들이 복원한 나누크사우루스의 머리뼈는 길이가 70센티미터 정도다. 이 공룡이 특별한 건 발견된 장소 때문이다. 나누크사우루스는 미국 알래스카주의 북쪽 지역 노스슬로프에서 발견되었는데, 이곳은 나누크사우루스가 살았을 때나 지금이나 북극 지역이다. 물론 나누크사우루스가 살았던 시기의 북극에는 빙하가 존재하지 않았다. 하지만 이때에도 북극의 겨울은 춥고 어두웠으며 눈이 내렸을 것으로 보고 있다. 이런 힘든 계절에는 먹을 것이 거의 없다. 그래서 과학자들은 적은 먹잇감으로도 살아갈 수 있게끔 나누크사우루스가 작은 몸집으로 진화한 게 아닐까 추정하고 있다.

미국의 페롯 자연과학 박물관에 전시된, 나누크사우루스의 머리뼈. 아래턱의 끝부분만 진짜로 발견된 화석이다.

Nanuqsaurus

니게르사우루스

이름 뜻: 니제르 도마뱀
분류: 용각형류 〉 용각류 〉 신용각류 〉 디플로도쿠스상과 〉 레바키사우루스과
시대: 1억 1900만 년 전 ~ 9900만 년 전, 백악기 **분포**: 니제르
몸길이: 9미터 **몸무게**: 4톤
식성: 초식성

코끼리와 몸집이 비슷한 목긴공룡이다. 다른 목긴공룡들에 비해 몸집이 작고 목도 짧은 편이다. 목부터 골반 앞까지의 척추에는 공기주머니가 들어 있던 구멍들이 나 있다. 공기주머니는 니게르사우루스의 뼈를 가볍게 만들고, 폐로 공기도 보내 주었을 것이다. 다리는 기둥처럼 생겨서 몸을 잘 지탱해 주었다. 이 공룡의 가장 큰 특징은 바로 괴상하게 생긴 머리다. 니게르사우루스의 머리뼈는 아래로 휘어져 있으며 주둥이 끝이 넓적하다. 이 넓은 주둥이안의 앞쪽에는 120개가 넘는 작은 이빨들이 촘촘하게 나 있다. 그러니까 니게르사우루스는 모든 이빨이 앞니였다. 더욱 놀라운 것은 머리뼈 두께다. 머리 두께가 겨우 2밀리미터밖에 되지 않는다. 다시 말해 뼈가 나초 과자만큼이나 얇은 셈이다. 실수로 자갈이라도 씹었다가는 턱이 부서질 수가 있다. 그래서 니게르사우루스는 조심성이 많은 공룡이었을지도 모른다. 니게르사우루스는 키 작은 식물이 가득한 범람원 지대에서 살았다. 그래서 과학자들은 이 공룡이 고개를 깊게 숙인 채로 마치 진공청소기처럼 식물을 훑으며 뜯어 먹었을 것으로 보고 있다.

캐나다의 왕립 온타리오 박물관에 전시된, 니게르사우루스의 머리뼈.
주둥이 안 앞쪽에 머리빗처럼 달려 있는 것은 전부 앞니다.

데이노니쿠스

이름 뜻: 끔찍한 발톱

분류: 수각류 〉테타누라류 〉코일루로사우루스류 〉마니랍토라류 〉드로마이오사우루스과

시대: 1억 1500만 년 전 ~ 1억 800만 년 전, 백악기 전기 **분포**: 미국

몸길이: 3미터 **몸무게**: 100킬로그램

식성: 육식성

큰 개와 비슷한 몸집을 한 재빠른 육식 공룡이다. 머리가 옆에서 봤을 때 삼각형에 가깝고 주둥이는 길쭉하다. 뒤통수가 넓어서 두 눈이 앞을 향하고 있다. 작고 날카로운 이빨들은 목구멍 쪽으로 휘어져 있어서 한 번 문 먹잇감은 웬만해서는 놓치지 않았다. 턱의 무는 힘은 오늘날의 북아메리카에 사는 악어인 앨리게이터와 비슷하다. 참고로 앨리게이터는 거북의 단단한 등껍데기도 씹어 먹을 수 있다. 앞다리와 앞발가락은 긴 편이며 길고 뻣뻣한 깃털들이 붙어 있다. 데이노니쿠스는 앞다리로 발버둥 치는 먹잇감을 짓눌렀을 것이다. 또한 앞다리를 퍼덕이면서 뽐을 내기도 했을 것이다. 어린 데이노니쿠스는 다 자란 공룡보다 몸에 비해 앞다리가 더 길었다. 그래서 일부 과학자들은 어린 데이노니쿠스들이 나무 위에서 생활하며 긴 앞다리와 깃털을 이용해 활공하거나, 심지어 가까운 거리를 날아다녔을 것으로 보고 있다. 데이노니쿠스의 두 번째 뒷발가락에는 약 8센티미터나 되는 갈고리형 발톱이 있다. 아마도 먹잇감을 붙잡거나 서로 싸울 때 쓰였을 것이다. 데이노니쿠스는 아열대의 숲이나 범람원 지대에서 살았다. 가끔씩 여러 마리의 데이노니쿠스와 몸집이 큰 초식 공룡의 화석이 함께 발견된다. 그래서 많은 과학자들은 데이노니쿠스가 오늘날의 늑대처럼 무리 사냥을 했다고 여긴다.

© Didier Descouens

▌ 데이노니쿠스의 머리뼈.

Deinonychus

데이노케이루스

이름 뜻: 끔찍한 손
분류: 수각류 〉 테타누라류 〉 코일루로사우루스류 〉 오르니토미모사우루스류 〉 데이노케이루스과
시대: 7100만 년 전 ~ 6900만 년 전, 백악기 후기 **분포**: 몽골
몸길이: 11미터 **몸무게**: 6톤
식성: 잡식성

타조공룡 중에서 가장 몸집이 크다. 그리고 다른 타조공룡들과는 아주 다른 외모를 지니고 있다. 머리 길이가 약 1미터나 되며 주둥이는 오리의 부리처럼 넓적하다. 살아 있을 때는 주둥이 끝이 각질로 덮여 있었을 것이다. 갈리미무스와 마찬가지로 이빨은 없다. 콧구멍은 위를 향하고 있다. 머리 크기에 비해 눈이 작은 편이다. 턱이 얇은 다른 타조공룡들과는 달리 턱이 두껍다. 길이가 2미터 정도 되는 앞다리는 땅을 파거나 나무의 잎사귀들을 긁어모으는 데 쓰였을 것이다. 등의 중간부터 골반까지는 마치 길고 좁다란 볏처럼 위로 솟아 있다. 무거운 몸을 지탱하기 위해 뒷다리는 굵고 튼튼했다. 하지만 몸이 무겁고 다리가 굵다 보니 다른 타조공룡들처럼 **빠른 속도로 뛰어다닐 수 없었다**. 데이노케이루스는 큰 강 주변과 범람원에서 살았다. 데이노케이루스의 화석은 1965년에 처음 발견되었다. 그런데 발견된 부위가 어깨와 앞다리뼈뿐이라 한동안 어떤 과학자들은 데이노케이루스를 거대한 갈리미무스처럼 복원하기도 했다. 또 어떤 과학자들은 이 공룡이 마치 거대한 나무늘보 같았을 것이라고 생각했다. 하지만 2014년 데이노케이루스의 나머지 골격들이 뒤늦게 학계에 보고되면서 이 공룡의 수수께끼는 거의 50년 만에 풀렸다.

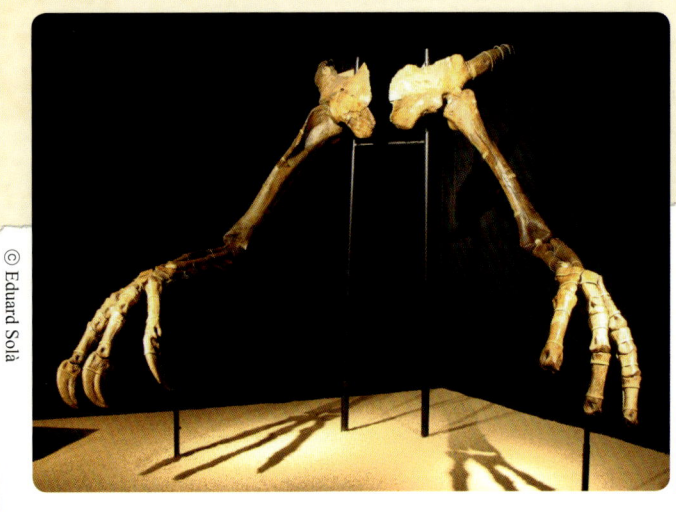

© Eduard Solà

1965년 몽골의 고비 사막에서 발견된, 데이노케이루스의 어깨와 앞다리 화석. 오른쪽 앞다리에는 발톱이 보존되어 있지 않다.

덴베르사우루스

이름 뜻: 덴버 도마뱀
분류: 조반류 〉 장순류 〉 곡룡류 〉 노도사우루스과
시대: 6800만 년 전 ~ 6600만 년 전, 백악기 후기 **분포:** 미국
몸길이: 6미터 **몸무게:** 3톤
식성: 초식성

몸집이 큰 갑옷공룡이다. 머리는 양처럼 생겼고 길이는 약 50센티미터이다. 주둥이 끝에는 앞니가 없는 대신에 각질로 된 부리가 있어서 식물을 뜯기에 편리했다. 부리로 뜯은 식물은 볼 안쪽에 난 어금니로 씹어 먹었다. 콧등과 정수리에는 납작한 골편들이 솟아 있다. 이 골편들은 피부에서 자라난 뼛조각들이 머리뼈와 엉겨 붙은 것이다. 목부터 꼬리까지에도 큰 달걀형의 골편들이 솟아 있다. 배를 제외한 부위가 거의 다 골편으로 덮여 있어서 어느 화석에는 '탱크'라는 별명이 붙기도 했다. 덴베르사우루스는 골편들을 이용해 천적인 티라노사우루스의 공격으로부터 몸을 효과적으로 보호했을 것이다. 덴베르사우루스는 개울이 많은 바닷가에서 살았다. 안킬로사우루스와 함께 백악기의 마지막에 살던 마지막 갑옷공룡이기도 하다.

미국의 휴스턴 자연과학 박물관에 전시된, 덴베르사우루스(왼쪽)와 티라노사우루스(오른쪽)의 골격.

Denversaurus

드리오사우루스

이름 뜻: 나무 도마뱀
분류: 조반류 > 각각류 > 조각류 > 드리오사우루스과
시대: 1억 5500만 년 전 ~ 1억 4500만 년 전, 쥐라기 후기 **분포:** 미국, 프랑스
몸길이: 4미터 이상 **몸무게:** 90킬로그램 이상
식성: 초식성

뼈와 각질로 이루어진 부리와 나뭇잎 모양의 작은 이빨들로 키가 작은 식물들을 뜯어 먹었다. 머리가 작고 목이 길고 유연해서 고개를 이리저리 돌리며 주변을 살필 수 있었다. 앞다리는 뒷다리에 비해 짧다. 앞발가락도 매우 짧다. 가늘고 긴 뒷다리는 빠른 속도로 달리기에 적합했다. 첫 번째 뒷발가락은 퇴화해 없어졌다. 지금까지 미국에서는 다양한 나이의 드리오사우루스 수십 마리가 화석으로 발견되었다. 그래서 과학자들은 이 공룡이 자라나면서 모습이 어떻게 변했는지 알아낼 수 있었다. 어린 드리오사우루스는 머리에 비해 눈이 크고 주둥이가 길다. 하지만 자라면서 눈이 작아지고 주둥이도 짧아진다. 안타깝게도 아직 다 자란 드리오사우루스의 화석은 발견되지 않았다. 드리오사우루스를 처음 연구한 과학자는 드리오사우루스가 오늘날의 사슴처럼 나무가 우거진 숲에서 살았을 것으로 추정했다. 그래서 '나무 도마뱀'이란 뜻의 이름을 이 공룡에게 붙여 주었다. 실제로 드리오사우루스는 강이나 호수 근처의 숲뿐만 아니라 양치식물로 뒤덮인 사바나 지대나 바닷가에도 살았을 것이다.

미국의 베네스키 자연사 박물관에 전시된, 드리오사우루스의 골격.

Dryosaurus

디플로도쿠스

이름 뜻: 두 개의 기둥
분류: 용각형류 〉 용각류 〉 신용각류 〉 디플로도쿠스상과 〉 디플로도쿠스과
시대: 1억 5400만 년 전 ~ 1억 5200만 년 전, 쥐라기 후기 **분포**: 미국
몸길이: 32미터 **몸무게**: 30톤
식성: 초식성

8미터가 넘는 긴 목을 가진 초식 공룡이다. 디플로도쿠스는 15개나 되는 목뼈로 이루어진 목을 좌우로 움직이며 키가 작은 식물들을 훑어 먹었을 것이다. 몸통은 다른 목긴공룡에 비해 가는 편이다. 앞다리는 뒷다리보다 짧다. 앞발가락에는 엄지에만 큰 발톱이 있다. 이 큰 엄지발톱을 어떻게 썼는지는 알려진 것이 없다. 어쩌면 건기에 지하수를 마시기 위해 땅속을 파헤치거나 수컷들이 힘겨루기를 할 때 사용했을 지도 모른다. 뒷다리는 길며 뒷발바닥에는 푹신푹신한 살집이 있다. 이 살집은 디플로도쿠스가 걸어 다닐 때 힘들이지 않고 발을 쉽게 들게끔 하는 동시에 걸을 때 거의 소리가 나지 않게 해 주었을 것이다. 꼬리는 약 80개나 되는 척추로 이루어져 있다. 꼬리의 끝은 마치 채찍처럼 가늘고 유연하다. 디플로도쿠스는 꼬리를 약 시속 1300킬로미터의 속도로 휘두를 수 있다. 이 정도의 속도면 꼬리를 휘두를 때마다 제트기 소음과 맞먹는 엄청난 소리가 났을 것이다. 과학자들은 디플로도쿠스가 꼬리를 이용해 자신을 노리는 육식 공룡에게 위협을 가했을 것으로 추정하고 있다. 이 강력한 꼬리에 맞은 육식 공룡은 뼈가 부러질 뿐만 아니라 그 자리에서 바로 죽었을 것이다.

미국의 카네기 자연사 박물관에 전시된, 디플로도쿠스의 골격.

딜로포사우루스

이름 뜻: 두 개의 볏을 가진 도마뱀
분류: 수각류 〉 코일로피시스상과 〉 딜로포사우루스과
시대: 2억 년 전 ~ 1억 8800만 년 전, 쥐라기 전기 **분포**: 미국
몸길이: 7미터 **몸무게**: 500킬로그램
식성: 육식성

너비가 좁은 머리를 가졌다. 콧등에는 속이 빈 타코처럼 생긴 얇디얇은 볏이 솟아 있다. 이 볏은 화려해서 이성을 유혹할 때 쓰였을 것으로 추정된다. 볏만큼이나 머리뼈 또한 굉장히 얇고 충격에 약하다. 그래서 과학자들은 딜로포사우루스가 웬만하면 몸집이 큰 초식 공룡보다는 작은 육상 동물이나 물고기를 잡아먹었을 것으로 여기고 있다. 딜로포사우루스의 주둥이는 앞쪽 가장자리가 악어 주둥이처럼 울퉁불퉁하다. 과학자들은 주둥이의 이 특이한 생김새가 발버둥 치는 작은 먹이를 단단히 물 때 효과적인 구조였을 것이라고 보고 있다. 앞다리는 짧고 앞발가락은 네 개씩 있다. 뒷다리는 길고 가늘며, 뒷발은 큰 새인 에뮤나 화식조와 비슷하게 생겼다. 딜로포사우루스의 꼬리는 길고 유연해서 수영할 때 유용했을 것이다. 미국에서는 이 공룡이 수영하면서 남겼을 것으로 추정되는 발자국 화석들이 발견된 적도 있다. 영화 〈쥬라기 공원〉에서처럼 목 장식이 있거나 독을 내뿜지는 않는다.

© Eden, Janine and Jim

미국 자연사 박물관에 전시된, 딜로포사우루스의 머리뼈.

라페토사우루스

이름 뜻: 라페토 도마뱀
분류: 용각형류 〉 용각류 〉 신용각류 〉 마크로나리아류 〉 티타노사우루스류 〉 살타사우루스과
시대: 7000만 년 전 ~ 6600만 년 전, 백악기 후기 **분포**: 마다가스카르
몸길이: 15미터 **몸무게**: 12톤
식성: 초식성

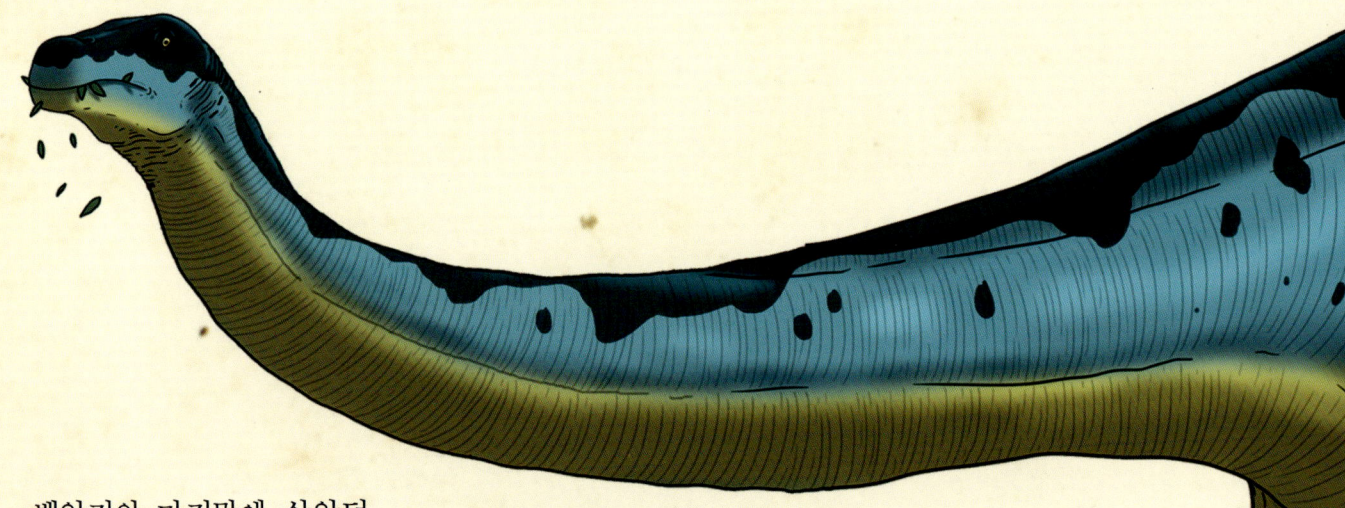

백악기의 마지막에 살았던 목긴공룡 중 하나다. 머리는 작으며 주둥이는 길쭉하다. 연필처럼 생긴 이빨들로 각종 식물을 긁어모아 먹었다. 목은 길고 튼튼했다. 라페토사우루스는 목을 이리저리 움직이며 키가 작은 식물부터 나무의 잎사귀까지 다양한 먹이를 먹었을 것이다. 몸통은 굵어서 마치 거대한 드럼통 같았다. 다리는 기둥 같아서 몸을 잘 지탱할 수 있었다. 2001년에는 어린 라페토사우루스의 화석이 학계에 보고되었는데, 많은 과학자의 관심을 받았다. 어린 라페토사우루스의 화석에 머리뼈가 있었기 때문이다. 목긴공룡의 머리뼈는 거의 발견되지 않는다. 머리뼈가 작고 가벼워 공룡이 죽은 후 화석이 되는 과정에서 자주 없어지기 때문이다. 과학자들은 이 어린 라페토사우루스의 머리뼈를 통해 백악기에 살았던 목긴공룡의 머리 구조와 진화 과정에 대해 많은 것을 알아낼 수 있었다. 이 공룡의 이름은 마다가스카르의 전설에 등장하는 '라페토'라는 거인의 이름에서 따온 것이다.

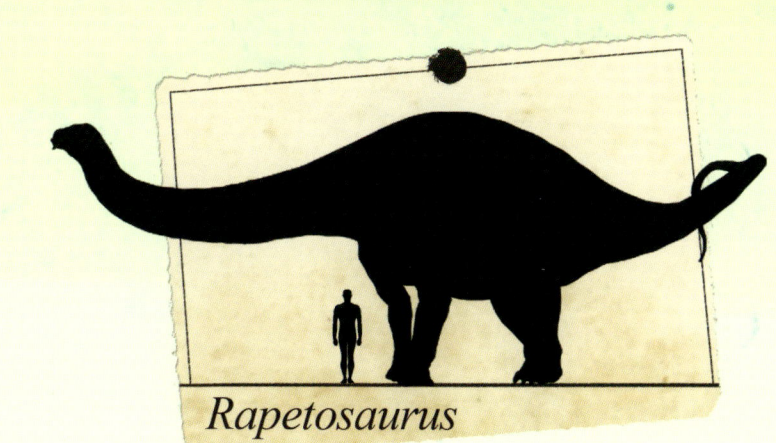
Rapetosaurus

리무사우루스

이름 뜻: 진흙 도마뱀
분류: 수각류 › 케라토사우루스류 › 노아사우루스과
시대: 1억 6100만 년 전 ~ 1억 5700만 년 전, 쥐라기 후기 **분포**: 중국
몸길이: 2미터 **몸무게**: 15킬로그램
식성: 초식성

주둥이 끝에 뼈와 각질로 된 부리를 가지고 있다. 목은 타조처럼 길고 유연하다. 앞다리는 짧으며 앞발은 상당히 작다. 엄지와 네 번째, 다섯 번째 앞발가락은 퇴화해 없어졌다. 몸은 길쭉한 편이다. 뒷다리는 길고 가늘어서 달리기를 잘했을 것으로 여겨진다. 긴 꼬리는 걷거나 뛸 때 몸의 균형을 잡는 데 유용했다. 다 자란 리무사우루스는 이빨이 없어서 부리로 식물을 뜯거나 씨앗을 쪼아 먹었을 것이다. 반면에 어린 리무사우루스는 머리뼈가 두껍고 작은 갈고리 같은 이빨들을 가지고 있어서 곤충 같은 작은 동물도 즐겨 먹었을 것이다. 리무사우루스가 어릴 때는 이빨 수가 42개이지만 청소년기에 접어들면 34개가 되고, 다 자라면 이빨이 전부 사라진다. 새끼 공룡이 다 자라기까지는 1년 정도가 걸린다. 리무사우루스는 얕은 호수와 강 주변에서 살았다. 거대한 목긴공룡의 발자국에 진흙이 채워져서 굳어진 기둥 모양의 암석이 2000년에 중국에서 발견되었는데, 바로 이 암석에서 리무사우루스가 처음 발견되었다. 이것을 연구한 과학자들은 리무사우루스가 거대한 목긴공룡의 발자국을 메운 진흙에 빠져서 죽은 것이라고 결론지었다. '진흙 도마뱀'이란 뜻의 이름은 여기서 따온 것이다.

리무사우루스의 골격 화석.
왼쪽이 꼬리 방향이고, 오른쪽은 머리 방향이다.

마기아로사우루스

이름 뜻: 헝가리인 도마뱀
분류: 용각형류 〉 용각류 〉 신용각류 〉 마크로나리아류 〉 티타노사우루스류
시대: 7100만 년 전 ~ 7000만 년 전, 백악기 후기 **분포**: 루마니아
몸길이: 6미터 **몸무게**: 1.2톤
식성: 초식성

몸집이 거대한 친척들과 달리 말과 크기가 비슷한 작은 목긴공룡이다. 다른 목긴공룡들처럼 머리가 작고 목과 꼬리가 길다. 등에는 갑옷공룡처럼 골편들이 솟아 있어서 육식 공룡의 공격으로부터 몸을 보호할 수 있었다. 마기아로사우루스의 것으로 추정되는 알과 배아의 화석도 발견되었는데, 배아 또한 작은 골편들로 덮여 있었다. 그래서 과학자들은 이 공룡이 태어날 때부터 골편으로 몸을 보호할 수 있었을 것으로 보고 있다. 원래 마기아로사우루스의 조상은 다른 목긴공룡들처럼 거대했다. 하지만 살던 곳이 얕은 바다에 잠겨 작은 섬이 되면서 몸집이 점점 작아졌다. 이처럼 좁은 섬에 살면서 몸이 작아지는 현상을 '섬왜소증'이라고 한다. 섬에는 드넓은 육지와 달리 먹을 것이 부족한데, 몸집이 작아지면 적게 먹어도 잘 살 수 있다. 그런데 마기아로사우루스는 루마니아에서 살았는데, 왜 '헝가리인 도마뱀'이란 뜻을 지닌 이름을 가지게 되었을까? 그건 바로 마기아로사우루스가 처음 발견된 지역이 1915년 당시에는 루마니아가 아니라 헝가리 영토였기 때문이다.

루마니아의 데바 자연사 박물관에 전시된, 마기아로사우루스의 앞다리 위쪽 뼈 일부.

마멘키사우루스

이름 뜻: 마먼시 도마뱀
분류: 용각형류 〉 용각류 〉 마멘키사우루스과
시대: 1억 6000만 년 전 ~ 1억 4500만 년 전, 쥐라기 후기 **분포**: 중국
몸길이: 35미터 **몸무게**: 75톤
식성: 초식성

몸에 비해 목이 매우 긴 공룡이다. 지금까지 발견된 목뼈 중에서 가장 긴 건 전체 길이가 18미터에 이른다. 무려 몸길이의 절반에 해당하는 길이다. 목뼈 중에는 뼈 하나의 길이가 4미터나 되는 것도 있는데, 이것은 지금까지 알려진 뼈 중 가장 큰 대왕고래의 턱뼈(5미터) 다음으로 가장 크다. 마멘키사우루스는 긴 목을 이용해 마치 기린처럼 높은 나무의 잎사귀를 뜯어 먹으며 살았을 것이다. 2001년에는 그동안 발견되지 않았던 꼬리 끝부분이 발견되었다. 재미있는 점은 꼬리의 가장 끝에 있는 꼬리뼈 4개가 하나의 덩어리로 뭉쳐 있었다. 몇몇 과학자들은 이 뼈 뭉치 속에 특수한 감각 기관이 있어서 마멘키사우루스의 꼬리가 굉장히 예민했을 것으로 추측했다. 꼬리의 뼈 뭉치가 방어용 무기였다고 주장하는 과학자들도 있다. 이들은 마멘키사우루스가 꼬리 끝을 마치 철퇴처럼 휘두르며 육식 공룡을 무찔렀을 것이라고 믿는다. 1952년 중국의 마밍시 지역에서 고속도로 공사를 하던 중에 처음 발견된 공룡이다. 이 공룡을 연구한 과학자는 화석이 발견된 지역의 이름을 따서 공룡의 이름을 지으려고 했으나, 실수로 '마밍시'를 '마먼시'로 쓰는 바람에 그만 이름 뜻이 마먼시 도마뱀이 되어 버렸다.

중국의 쯔궁 공룡 박물관에 전시된, 마멘키사우루스의 골격.

© Einar Fredriksen

Mamenchisaurus

마시아카사우루스

이름 뜻: 포악한 도마뱀
분류: 수각류 〉 케라토사우루스류 〉 노아사우루스과
시대: 7000만 년 전, 백악기 후기 **분포**: 마다가스카르
몸길이: 2미터 **몸무게**: 20킬로그램
식성: 육식성

길쭉한 주둥이를 가지고 있다. 주둥이 안에는 갈고리 같은 이빨이 가득하다. 하지만 아래턱의 앞부분이 아래로 휘어져 있어서 여기에 난 앞니 4개는 앞을 향해 뻗어 있다. 목구멍과 가까운 이빨일수록 톱날 구조가 잘 발달해 있다. 마시아카사우루스는 이 괴상한 이빨을 이용해 작은 동물을 낚아채 잡아먹었을 것이다. 눈 앞에는 작은 혹 한 쌍이 나 있다. 앞발은 작고 앞다리도 뒷다리에 비해 짧다. 길고 강한 뒷다리는 먹이를 뒤쫓거나 천적에게서 도망칠 때 유용했을 것이다. 어린 마시아카사우루스가 다 자라기까지 걸린 시간은 8~10년 정도다. 이것은 다른 육식 공룡에 비해 2배 정도 느린 속도다. 과학자들은 마시아카사우루스가 먹을 것이 부족한 건조한 환경에서 살았을 것으로 추정하고 있다. 이처럼 식사를 매일 챙길 수 없는 환경에서 살다 보니 천천히 자라야만 했을 것이다.

미국의 필드 자연사 박물관에 전시된, 마시아카사우루스의 머리뼈.

마준가사우루스

이름 뜻: 마하장가 도마뱀
분류: 수각류 〉 케라토사우루스류 〉 아벨리사우루스과
시대: 7000만 년 전 ~ 6600만 년 전, 백악기 후기 **분포**: 마다가스카르
몸길이: 7미터 **몸무게**: 1.5톤
식성: 육식성

머리뼈의 길이가 약 70센티미터나 된다. 콧등은 울퉁불퉁하며 정수리에는 뿔이 하나 솟아 있다. 이 구조들은 속이 비어 있어서 가벼웠다. 주둥이는 짧고 강했으며 이빨은 작지만 튼튼했다. 또한 근육질의 목을 가지고 있었다. 과학자들은 마준가사우루스가 튼튼한 턱과 이빨, 강력한 목을 이용해 먹이의 살점을 뜯어 먹었을 것으로 추정하고 있다. 2007년에는 마준가사우루스의 머리뼈를 컴퓨터 단층 촬영을 해 뇌 모양을 복원하기도 했다. 복원된 뇌는 악어의 것과 비슷했다. 그래서 과학자들은 마준가사우루스가 악어처럼 시각보다는 후각에 더 민감했을 것으로 보고 있다. 마준가사우루스의 앞다리는 매우 짧다. 특히 아래쪽 뼈는 거의 퇴화했다. 앞발은 아주 작지만 발가락이 4개나 있다. 이 공룡의 보잘것없는 앞다리와 앞발은 별 쓸모가 없었을 것으로 여겨진다. 마준가사우루스의 뼈 화석에서는 다른 마준가사우루스에게 물려 생긴 상처가 자주 발견된다. 이것은 마준가사우루스가 서로 잡아먹기도 했음을 보여 주는 증거다.

미국의 필드 자연사 박물관에 전시된, 마준가사우루스의 머리뼈.

Majungasaurus

메갈로사우루스

이름 뜻: 큰 도마뱀
분류: 수각류 〉테타누라류 〉메갈로사우루스상과 〉메갈로사우루스과
시대: 1억 6600만 년 전, 쥐라기 중기 **분포**: 영국
몸길이: 6미터 **몸무게**: 1톤
식성: 육식성

지금까지 온전한 머리뼈가 발견된 적이 없어서 머리의 정확한 모양이 알려지지는 않았다. 하지만 지금까지 발견된 머리뼈 파편들을 보면 메갈로사우루스는 머리가 좁으면서 길다는 사실을 알 수 있다. 주둥이에는 칼날처럼 얇고 날카로우며 톱날이 발달한 이빨이 가득하다. 메갈로사우루스는 이 이빨들로 먹잇감의 부드러운 살점을 베어 먹었을 것이다. 앞다리는 뒷다리에 비해 짧지만 튼튼해서 작은 초식 공룡 정도는 붙잡을 수 있었을 것이다. 비록 몸길이가 티라노사우루스의 절반밖에 되지 않지만, 쥐라기 중기 영국에서는 메갈로사우루스가 가장 큰 육식 공룡이었다. 몸집이 작은 초식 공룡은 물론 거대한 목긴공룡도 잡아먹었을 것으로 추정된다. 메갈로사우루스의 화석은 1676년에 처음 보고되었는데, 이는 학계에 가장 처음으로 보고된 공룡 화석이었다. 하지만 이것을 연구한 사람은 메갈로사우루스의 뼈가 거인의 것인 줄 알았다. 처음 보고된 때로부터 148년이나 지나서야 이 공룡은 메갈로사우루스라는 이름을 가지게 된다. 어쨌거나 처음으로 이름이 붙여진 공룡이다.

처음 발견된 메갈로사우루스의 아래턱뼈 일부분. 왼쪽이 주둥이의 앞부분이다.

Megalosaurus

메이

이름 뜻: 단잠을 자는
분류: 수각류 〉테타누라류 〉코일루로사우루스류 〉마니랍토라류 〉트로오돈과
시대: 1억 2500만 년 전, 백악기 전기 **분포**: 중국
몸길이: 70센티미터(추정) **몸무게**: 2킬로그램(추정)
식성: 잡식성

몸집이 작은 새만 한 공룡이다. 아직 청소년기의 메이만 화석으로 발견되었기 때문에 다 자란 모습이나 크기는 정확하게 알려지지 않았다. 보고된 화석들은 몸길이가 보통 50센티미터 안팎이다. 주둥이는 짧다. 주둥이 안에는 작고 뾰족한 이빨이 가득하다. 풀숲에 숨어 있는 작은 동물을 잡아먹기도 하고, 씨앗이나 열매도 먹고 살았을 것으로 추정된다. 2004년에는 잠을 자다가 화산 근처 땅속에서 뿜어져 나온 독가스에 질식해 죽은 어린 메이의 화석이 보고되었다. 특이하게도 이 어린 공룡은 꼬리로 몸을 두르고 목을 구부려 머리를 앞다리 밑으로 넣고 있는 자세로 발견되었다. 이것은 오늘날 새들이 잠을 잘 때 머리와 다리를 따뜻하게 하기 위해 취하는 자세다. 과학자들은 잠자는 메이의 화석을 통해 과거의 공룡도 오늘날의 새처럼 잠을 잤다는 사실을 알아냈다. 또한 그렇게 잠을 잤다는 건 메이가 주변 환경에 따라 몸 온도가 오르락내리락하는 도마뱀이나 악어와 달리 오늘날의 새처럼 몸이 항상 따뜻했다는 증거이기도 하다.

잠자다 죽은 어린 메이의 화석.
손바닥 위에 올려놓을 수 있는 크기다.

메트리아칸토사우루스

이름 뜻: 적당한 척추 도마뱀

분류: 수각류 〉테타누라류 〉카르노사우루스류 〉메트리아칸토사우루스과

시대: 1억 6000만 년 전, 쥐라기 중기 **분포**: 영국

몸길이: 8미터 **몸무게**: 2톤

식성: 육식성

중간 크기의 육식 공룡이다. 전신 골격은 발견된 적이 없다. 하지만 골반 파편들과 척추 일부와 뒷다리뼈를 이용해 전체 모습을 복원할 수 있었다. 복원된 모습은 알로사우루스와 비슷하다. 메트리아칸토사우루스는 1923년에 처음 보고되었다. 이 공룡의 화석을 처음 연구한 사람은 이것이 메갈로사우루스의 한 종류라고 생각했다. 사실 19세기와 20세기 초에는 유럽에서 발견되는 육식 공룡의 화석들을 거의 다 메갈로사우루스의 것으로 해석했다. 하지만 1964년에 메트리아칸토사우루스의 화석이 메갈로사우루스와는 조금 다르다는 사실이 밝혀지면서 이 두 공룡은 41년 만에 서로 다른 종류로 분류될 수 있었다. 메트리아칸토사우루스는 바닷가를 돌아다니며 두 발로 뛰는 작은 초식 공룡이나 검룡류를 사냥했을 것이다. 해변으로 떠밀려 온 죽은 물고기나 해양 파충류도 먹었을 것이다. 이 공룡과 비슷한 시기에 보고된 공룡 중에 스피노사우루스라고 하는 육식 공룡이 있다. 그런데 스피노사우루스의 척추는 특이하게도 높게 솟아 있다. 메트리아칸토사우루스의 척추는 스피노사우루스의 것과 비교했을 때 높이가 비교적 낮아서 그리스어로 '적당한 척추 도마뱀'이란 뜻의 이름을 얻게 되었다.

메트리아칸토사우루스의 가까운 친척인 신랍토르의 골격.
메트리아칸토사우루스와 비슷하게 생겼을 것으로 보고 있다.

Metriacanthosaurus

모놀로포사우루스

이름 뜻: 하나의 볏을 가진 도마뱀
분류: 수각류 〉 테타누라류
시대: 1억 6100만 년 전 ~ 1억 5700만 년 전, 쥐라기 후기 **분포**: 중국
몸길이: 5미터 **몸무게**: 500킬로그램
식성: 육식성

지금까지 겨우 1마리만 발견된 희귀한 공룡이다. 머리뼈는 좁은 상자 모양이며 길이는 80센티미터다. 칼날처럼 얇고 앞뒤로 톱날이 발달한 이빨은 고기를 베어 먹는 데 알맞았다. 콧등에는 뼈로 된 얇고 낮은 볏 하나가 솟아 있다. 아마도 이 볏은 뽐내기를 하거나 이성을 유혹할 때 사용했을 것이다. 이 볏 때문에 몇몇 과학자들은 한동안 콧등에 볏이 하나 있는 또 다른 육식 공룡인 구안롱이 자라면 모놀로포사우루스가 되는 줄 알았다. 하지만 다 자란 구안롱의 화석이 발견되면서 이 가설은 틀린 것으로 밝혀졌다. 모놀로포사우루스 화석에서는 등뼈 부위에 금이 갔다가 아문 흔적도 발견되었다. 어쩌면 사냥을 하다가 초식 공룡의 반격으로 입은 상처일 수도 있다. 모놀로포사우루스는 초식 공룡들이 자주 모이는 호숫가나 강가에서 살았을 것이다.

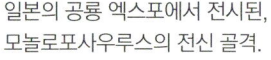
일본의 공룡 엑스포에서 전시된, 모놀로포사우루스의 전신 골격.

미라가이아

이름 뜻: 미라가이아
분류: 조반류 〉 장순류 〉 검룡류 〉 스테고사우루스과
시대: 1억 5000만 년 전, 쥐라기 후기 **분포**: 포르투갈
몸길이: 6미터 **몸무게**: 2톤
식성: 초식성

스테고사우루스와 가까운 친척이다. 스테고사우루스와 마찬가지로 골판들이 목에서 시작해 등을 따라 한 쌍씩 줄지어 솟아 있다. 하지만 스테고사우루스보다 목이 훨씬 더 길다. 원시적인 검룡류인 후아양고사우루스는 목뼈가 9개이고, 더 진화한 검룡류인 스테고사우루스는 목뼈가 12개 또는 13개다. 반면에 미라가이아는 목뼈가 무려 17개로, 현재까지 보고된 검룡류 중에서 목뼈가 가장 많다. 이는 목뼈가 평균 15개 정도인 목긴공룡(용각류)보다도 많은 수다. 미라가이아를 처음 연구한 과학자들은 이 공룡이 긴 목을 이성을 유혹하는 데 썼을 것으로 추정했다. 하지만 다른 과학자들은 미라가이아가 다른 검룡류보다 높은 곳에 있는 식물들을 뜯어 먹었기 때문에 목이 길어졌다고 여긴다. 미라가이아의 목이 길어진 이유는 아직 정확히 밝혀지지 않았다. 다만 확실한 사실은 미라가이아가 목긴공룡과 비슷한 모습으로 진화하고 있었다는 것이다. 이처럼 서로 다른 동물이 비슷한 모습으로 진화한 것을 '수렴 진화'라고 한다. 이 공룡의 이름은 화석이 발견된 지역인 포르투갈의 미라가이아라는 곳에서 따온 것이다.

© Ghedoghedo

포르투갈의 로리냐 박물관에 전시된, 미라가이아의 전신 골격. 여기서 몸통과 골반을 제외한 하반신은 다른 공룡을 참고해서 복원했다.

미크로랍토르

이름 뜻: 작은 약탈자

분류: 수각류 〉 테타누라류 〉 코일루로사우루스류 〉 마니랍토라류 〉 드로마이오사우루스과

시대: 1억 2500만 년 전 ~ 1억 1200만 년 전, 백악기 전기 **분포**: 중국

몸길이: 80센티미터 **몸무게**: 1.2킬로그램

식성: 육식성

작은 머리와 유연한 목, 긴 날개와 뒷다리, 뻣뻣한 꼬리를 가진 육식 공룡이다. 온몸이 깃털로 뒤덮였으며 날개의 깃털만큼 뒷다리의 깃털도 길다. 하지만 가슴 근육이 그다지 발달하지 않아서 오늘날의 새처럼 하늘을 잘 날지는 못했다. 대신에 나무와 나무 사이를 날다람쥐처럼 활공했을 것이다. 날개를 펼치고 뒷다리도 조금 벌려서 나무들을 건너다녔을 것으로 추정된다. 2012년에는 미크로랍토르의 깃털 색이 보고되기도 했다. 과학자들은 성능이 아주 좋은 현미경을 이용해 미크로랍토르의 깃털 화석에서 색소 세포를 만드는 세포 소기관을 찾아냈다. 그리고 그 기관이 까마귀의 것과 비슷하게 생겼다는 것을 알아냈다. 까마귀는 윤기가 흐르는 검은색 깃털을 가졌는데, 미크로랍토르 또한 까마귀와 비슷한 깃털을 가졌을 것이다. 미크로랍토르 화석의 위장 부위에서는 새와 물고기의 뼈들이 발견되었다. 이를 통해 미크로랍토르가 나무 위뿐만 아니라 물가에서도 먹이를 사냥했다는 사실을 알 수 있다. 꼬리 끝에는 얇은 부채처럼 깃털들이 나 있다.

미크로랍토르의 화석.
화살표는 깃털이 보존된 부위를 가리킨다.

바리오닉스

이름 뜻: 무거운 발톱
분류: 수각류 〉 테타누라류 〉 메갈로사우루스상과 〉 스피노사우루스과
시대: 1억 3000만 년 전 ~ 1억 2500만 년 전, 백악기 전기 **분포:** 영국
몸길이: 10미터 **몸무게:** 2톤
식성: 육식성

길이가 거의 1미터에 이르는 길쭉한 주둥이를 가지고 있다. 주둥이 앞부분의 가장자리가 울퉁불퉁한데, 이것은 발버둥 치는 먹이를 단단히 물기 좋은 구조다. 이빨은 100개 정도 났으며 고깔 모양이어서 물고기처럼 미끄러운 먹이를 물 때 안성맞춤이었다. 목은 길고 유연하며 어깨는 넓고 튼튼하다. 앞다리는 뒷다리보다 짧지만 아주 강하다. 앞발에는 길이가 무려 30센티미터에 달하는 크고 무거운 엄지발톱이 있다. 그리스어로 '무거운 발톱'이란 뜻의 이름은 이것 때문에 붙여졌다. 바리오닉스의 커다란 엄지발톱은 다른 동물의 둥지를 파헤치거나 지하수를 마시기 위해 땅을 파낼 때 유용했을 것이다. 턱뼈 앞부분에는 신경과 핏줄이 지나가는 구멍들이 많이 나 있다. 그래서 과학자들은 이 공룡이 예민한 주둥이를 가졌을 것으로 추정했다. 바리오닉스는 어쩌면 주둥이 끝을 물에 담가서 물고기의 움직임을 감지해 물고기를 낚아챘을 것이다. 바리오닉스 화석의 위장 부위에서는 물고기의 뼈와 비늘 잔해들이 발견된 적도 있다. 하지만 초식 공룡인 어린 이구아노돈의 뼈도 발견된 적이 있기에 바리오닉스가 물고기만 먹지는 않았던 것 같다. 어린 바리오닉스가 다 자라는 데 걸린 시간은 13년에서 15년 정도다. 바리오닉스는 강가나 석호(바다 주변에 격리된 호수), 늪 주변에서 살았다.

네덜란드 헤이그의 뮈세온 박물관에 전시된, 바리오닉스의 머리뼈.

Baryonyx

벨로키랍토르

이름 뜻: 빠른 약탈자

분류: 수각류 〉테타누라류 〉코일루로사우루스류 〉마니랍토라류 〉드로마이오사우루스과

시대: 7500만 년 전 ~ 7100만 년 전, 백악기 후기 **분포**: 몽골, 중국

몸길이: 1.8미터 **몸무게**: 18킬로그램

식성: 육식성

앞부분이 살짝 위로 휘어졌으며 길이가 25센티미터 정도 되는 길쭉한 주둥이를 가지고 있다. 입안에는 뾰족하고 앞뒤로 톱날 구조가 잘 발달한 이빨 약 30개가 가득 나 있다. 목은 길고 가늘다. 길고 뻣뻣한 깃털들이 긴 앞다리와 앞발가락을 덮고 있다. 그래서 앞다리를 그냥 날개라고 봐도 아무 문제가 없다. 하지만 이 날개를 이용해 하늘을 날거나 활공할 수는 없었다. 대신에 뜀박질할 때 몸의 균형을 잡거나, 다른 공룡을 위협하거나, 둥지의 알을 덮을 때 썼을 것으로 추정된다. 먹잇감의 등에 올라타 떨어지지 않게끔 균형을 잡을 때 사용했다고 보는 과학자들도 있다. 뒷발의 두 번째 발톱은 낫 모양으로 다른 발톱에 비교하면 크고 날카롭다. 벨로키랍토르는 발톱을 보호하기 위해 발톱을 뒤로 접어서 걸어 다녔을 것이다. 이 낫 모양 발톱은 먹잇감을 단단히 붙잡는 데 쓰였을 것이다. 벨로키랍토르는 건조한 모래 언덕 주변을 흐르는 시내 근처에서 살았다. 영화 〈쥬라기 공원〉에 나오는 모습과 달리 벨로키랍토르가 무리를 이루어 살았다는 증거는 발견된 적이 없다. 2001년에는 다른 벨로키랍토르에게 머리가 물려서 죽은 벨로키랍토르의 화석이 보고되었다. 벨로키랍토르들은 확실히 서로 친하지는 않았던 것 같다.

미국 자연사 박물관에 전시된, 벨로키랍토르의 머리뼈. 최초로 발견된 벨로키랍토르의 화석이다.

Brachytrachelopan

브론토사우루스

이름 뜻: 천둥 도마뱀
분류: 용각형류 〉 용각류 〉 신용각류 〉 디플로도쿠스상과 〉 디플로도쿠스과
시대: 1억 5630만 년 전 ~ 1억 4680만 년 전, 쥐라기 후기   **분포**: 미국
몸길이: 22미터   **몸무게**: 15톤
식성: 초식성

머리뼈는 발견된 적이 없지만 가까운 관계의 다른 목긴공룡들과 비슷하게 길쭉한 주둥이를 가졌을 것으로 추정된다. 목뼈는 15개나 되며 길이는 5미터 정도 된다. 브론토사우루스는 이 긴 목을 어깨 위로 높게 들어 올리지는 않았지만, 좌우로 넓게 움직이며 몸 주변에 있는 식물들을 훑어 먹을 수 있었다. 브론토사우루스의 목은 길 뿐만 아니라 굉장히 두꺼우며 단면은 삼각형에 가깝다. 몇몇 과학자들은 브론토사우루스가 이 굵고 튼튼한 목으로 힘겨루기를 했을 것으로 추정한다. 척추에는 공기주머니가 가득 들어 있어서 몸집에 비해 몸무게가 그리 많이 나가지 않았다. 브론토사우루스는 한동안 아파토사우루스의 한 종류인 것으로 알려져 왔다. 실제로 두 공룡은 상당히 비슷하게 생겼다. 하지만 2015년부터 과학자들은 두 공룡을 별개의 종류로 구분하기로 했다. 그 이유 중 하나는 아파토사우루스가 브론토사우루스보다 더 길고 좁은 목뼈를 가지고 있기 때문이다.

미국의 텔루스 과학 박물관에 전시된, 브론토사우루스의 골격.

© Rob DiCaterino

Brontosaurus

사우롤로푸스

이름 뜻: 도마뱀 볏
분류: 조반류 〉 각각류 〉 조각류 〉 안킬로폴렉시아류 〉 하드로사우루스과
시대: 7000만 년 전 ~ 6850만 년 전, 백악기 후기 **분포:** 캐나다, 미국, 몽골
몸길이: 12미터 **몸무게:** 5톤
식성: 초식성

길이가 1.2미터 정도인 머리뼈를 가지고 있다. 주둥이 끝에는 두꺼운 뼈와 각질로 된 부리가 있다. 주둥이 안에는 앞니는 없지만 부리 뒤로 마름꼴의 작은 어금니들이 나 있다. 사우롤로푸스는 이 작은 이빨들을 이용해 먹이를 맷돌처럼 갈아 먹었다. 정수리에는 작은 손가락 모양의 뼈로 된 볏이 뒤로 솟아 있다. 이것은 코뼈가 길어져서 뒤로 뻗은 것이다. 사우롤로푸스는 이 볏을 이용해 이성을 유혹했을 것이다. 목은 짧은 편이지만 유연하다. 앞다리는 길고 얇으며, 앞발은 손모아장갑처럼 생겼다. 다만 첫 번째 앞발가락은 퇴화해 없어졌다. 뒷다리는 길고 튼튼하다. 꼬리는 좁다랗고 뻣뻣하다. 어린 사우롤로푸스는 주둥이가 짧고 뒤통수가 높으며 볏 또한 작다. 하지만 자라나면서 이들의 머리는 점차 길쭉해지고 볏도 길어진다. 사우롤로푸스는 아시아에 살았던 종류와 북아메리카에서 살았던 종류로 나뉜다. 아시아의 사우롤로푸스는 북아메리카의 사우롤로푸스보다 머리가 더 길고, 주둥이 끝부분이 위로 더 휘어져 있다. 사우롤로푸스는 얕은 호숫가나 강줄기가 발달한 범람원에서 살았다. 이들의 가장 무시무시한 천적으로는 타르보사우루스와 알베르토사우루스가 있다.

러시아의 오를로바 고생물학 박물관에 전시된, 다양한 사우롤로푸스의 머리뼈들.

Saurolophus

센트로사우루스

이름 뜻: 뾰족한 도마뱀
분류: 조반류 〉 각각류 〉 주식두류 〉 각룡류 〉 케라톱스과
시대: 7650만 년 전 ~ 7550만 년 전, 백악기 후기 **분포**: 캐나다
몸길이: 5.5미터 **몸무게**: 2톤
식성: 초식성

앵무새처럼 각질과 뼈로 이루어진 단단한 부리를 가지고 있다. 이 부리를 이용해 질긴 식물을 뜯고 베어 먹었다. 코가 매우 크며 코 위로 뾰족한 뿔 하나가 솟아 있다. 그리스어로 '뾰족한 도마뱀'이란 뜻을 지닌 이름은 이 뿔 때문에 붙여졌다. 어린 센트로사우루스는 뿔이 뒤를 향하고 있다. 하지만 자라면서 뿔이 점점 앞을 향하게 된다. 코에 난 이 근사한 뿔은 다른 센트로사우루스와 힘겨루기를 하거나 육식 공룡과 맞서 싸울 때 썼을 것이다. 눈 위로도 작은 뿔 한 쌍이 솟아 있으며, 다른 뿔공룡들과 마찬가지로 뒤통수에는 얇은 뼈로 이루어진 볏이 부채 모양으로 뻗어 있다. 이 볏을 '프릴'이라고 부른다. 프릴 꼭대기에는 앞으로 휘어진 한 쌍의 뿔과 안쪽을 향해 휘어진 한 쌍의 뿔이 나 있다. 프릴의 가장자리를 따라서도 작은 뿔들이 늘어서 있다. 20세기 초부터 지금까지 캐나다에서는 수천 마리의 센트로사우루스가 한꺼번에 묻혀 있는 화석지가 여러 군데나 발견되었다. 과학자들은 이 공룡들이 홍수로 불어난 강을 건너다가 떼죽음을 당한 것으로 추정하고 있다. 센트로사우루스와 같은 뿔공룡들은 머리가 크고 무거워서 헤엄을 잘 칠 수가 없었다.

ⓒ Daderot

캐나다의 왕립 온타리오 박물관에 전시된, 센트로사우루스의 머리뼈.

슈노사우루스

이름 뜻: 촉 도마뱀
분류: 용각형류 〉 용각류 〉 신용각류
시대: 1억 7000만 년 전, 쥐라기 중기 **분포**: 중국
몸길이: 11미터 **몸무게**: 7톤
식성: 초식성

주둥이가 짧고 머리뼈가 높이 솟아 있다. 주둥이 끝은 둥글고 넓적해서 한번에 많은 양의 식물을 뜯을 수 있었다. 이빨은 끝이 뭉툭한 조각칼 모양으로 식물을 뜯는 데만 쓰였다. 먹이는 씹지 않고 그냥 삼켰다. 목긴공룡 중에서는 브라키트라켈로판 다음으로 목이 짧다. 하지만 목을 높이 들어 올릴 수 있어서 브라키트라켈로판보다는 더 높은 곳에 있는 잎사귀들을 뜯어 먹을 수 있었다. 기둥 같은 다리로 크고 굵은 몸통을 잘 지탱할 수 있었다. 척추 끝에 있는 꼬리뼈 몇 개가 단단히 합쳐져서 작은 곤봉 같은 뼈 뭉치를 이루고 있다. 뼈 뭉치 위로는 5센티미터 길이의 작은 뿔들이 솟아 있다. 이 뼈 뭉치는 어쩌면 육식 공룡과 맞서 싸울 때나, 다른 슈노사우루스와 싸울 때 쓰였을 것이다. 함께 살았던 육식 공룡들이 꼬리를 계속 물어뜯어서 슈노사우루스의 꼬리 끝이 단단해졌다고 여기는 과학자들도 있다. 슈노사우루스의 화석은 중국의 쓰촨성 지역에서 발견되는데, 이름 뜻에 있는 '촉'이 바로 쓰촨성의 옛날 이름이다.

Shunosaurus

스칸소리옵테릭스

이름 뜻: 기어오르는 날개
분류: 수각류 〉테타누라류 〉코일루로사우루스류 〉마니랍토라류 〉스칸소리옵테릭스과
시대: 1억 6500만 년 전 ~ 1억 5600만 년 전, 쥐라기 중·후기 **분포**: 중국
몸길이: 30센티미터 이상 **몸무게**: 200그램 이상
식성: 육식성

아직 새끼의 화석들만 발견되어서 다 자란 모습이나 크기는 알려지지 않았다. 발견된 화석들은 모두 작고 뾰족한 이빨이 가득한 주둥이를 가지고 있다. 이것을 통해 스칸소리옵테릭스가 어릴 적부터 곤충 같은 작은 동물들을 잡아먹었음을 짐작할 수 있다. 이 공룡의 가장 큰 특징은 바로 굉장히 긴 세 번째 앞발가락이다. 이 발가락은 두 번째 앞발가락보다 두 배나 더 길다. 무려 스칸소리옵테릭스의 종아리뼈와 길이가 비슷하다. 보통 다른 공룡들은 두 번째 앞발가락이 앞발가락 중에서 제일 길다. 스칸소리옵테릭스의 기다란 세 번째 앞발가락의 끝부터 옆구리 사이는 얇은 피부막으로 이어져 있었을 것으로 추정된다. 마치 박쥐의 날개처럼 말이다. 어쩌면 스칸소리옵테릭스는 피부막으로 된 날개를 이용해 나무와 나무 사이를 활공했는지도 모른다. 세 번째 앞발가락은 나무를 기어오르는 데 유용하게 쓰였을 수도 있다. 이러한 추측 때문에 '기어오르는 날개'라는 뜻의 이름이 붙여졌다. 몸통에는 솜털 같은 부드러운 깃털이 뒤덮여 있었고, 꼬리 끝에는 미크로랍토르처럼 깃털이 부채 모양으로 달려 있었다. 하지만 꼬리 밑부분에서 비늘의 흔적이 조금 발견되기도 했다.

스켈리도사우루스

이름 뜻: 소갈비 도마뱀
분류: 조반류 〉 장순류 〉 스켈리도사우루스과
시대: 1억 9650만 년 전 ~ 1억 8300만 년 전, 쥐라기 전기 **분포**: 영국
몸길이: 4미터 **몸무게**: 250킬로그램
식성: 초식성

머리뼈의 길이는 약 20센티미터이며 주둥이가 길쭉하다. 몸과 꼬리도 긴 편이다. 이 공룡의 가장 큰 특징은 바로 온몸에 솟아 있는 골편들이다. 골편 위에는 각질이 덮여 있다. 오늘날의 악어나 아르마딜로처럼 스켈리도사우루스도 골편으로 몸을 보호했다. 원래 스켈리도사우루스의 조상은 두 뒷다리로 뛰어다니는 가벼운 초식 공룡이었다. 하지만 몸을 지키기 위해 피부에 골편들이 발달하기 시작하면서 몸무게가 무거워졌다. 그래서 무거운 몸을 지탱하기 위해 네 다리로 걷게 되었다. 스켈리도사우루스의 친척들은 나중에 골편들이 몸에 다닥다닥 붙어 있는 갑옷공룡인 곡룡류나 넓적한 골편들이 등에 솟은 검룡류로 진화했다. 가장 처음에 발견된 스켈리도사우루스의 화석은 뒷다리뼈였다. 그래서 이것을 연구한 과학자는 이 공룡에게 '뒷다리 도마뱀'이란 뜻의 그리스어 '스켈로사우루스'라는 이름을 붙이려고 했다. 하지만 '뒷다리'를 뜻하는 '스켈로스'와 '소갈비'를 뜻하는 '스켈리스'를 헷갈리는 바람에 실수로 '소갈비 도마뱀'이란 뜻의 '스켈리도사우루스'라는 이름을 지어 주고 말았다. 과학계에서는 한 번 붙여 준 이름은 절대 바꿀 수 없다.

미국의 세인트조지 공룡 화석지 방문자 센터에 전시된, 스켈리도사우루스의 전신 골격. 지금까지 발견된 스켈리도사우루스의 화석 중에서 가장 온전하게 보존된 것이다.

Scelidosaurus

스쿠텔로사우루스

이름 뜻: 작은 방패 도마뱀

분류: 조반류 〉 장순류

시대: 1억 9600만 년 전, 쥐라기 전기 **분포**: 미국

몸길이: 1.2미터 **몸무게**: 14킬로그램

식성: 초식성

뒷다리가 길고 튼튼해서 재빠른 속도로 뜀박질을 할 수 있었다. 목부터 꼬리 끝까지 300개가 넘는 골편들이 피부에 줄지어 솟아 있다. 이 골편들은 육식 공룡으로부터 스쿠텔로사우루스의 몸을 보호하는 역할을 했다. 하지만 몸집이 워낙 작은 공룡이어서 몸집이 큰 많은 육식 공룡들에게는 그저 한입거리였을 것이다. 아무래도 몸통에 골편이 많이 나다 보니 머리와 몸통이 꼬리보다 훨씬 무거워졌다. 그래서 몸의 균형을 잡기 위해 몸통보다 거의 3배나 더 긴 꼬리를 가지게 되었다. 스쿠텔로사우루스는 상당히 건조한 지대에서 살았던 것으로 추정된다. 비록 작고 보잘것없어 보이지만 이들은 스테고사우루스를 포함하는 검룡류와 안킬로사우루스를 포함하는 곡룡류의 조상이 되는 공룡이다.

스테고사우루스

이름 뜻: 지붕 도마뱀
분류: 조반류 〉 장순류 〉 검룡류 〉 스테고사우루스과
시대: 1억 5500만 년 전 ~ 1억 5000만 년 전, 쥐라기 후기 **분포**: 미국, 포르투갈
몸길이: 9미터 **몸무게**: 4톤
식성: 초식성

검룡류 중에서 가장 몸집이 크고 머리는 길고 좁으며 몸에 비해 상당히 작다. 주둥이 끝에는 뼈와 각질로 이루어진 부리가 있다. 그리고 주둥이 안에는 부리 뒤로 나뭇잎 모양의 어금니들이 나 있다. 스테고사우루스는 뾰족한 부리로 질긴 식물을 뜯어 어금니로 대충 씹어 삼켰을 것이다. 목은 짧고 목 밑의 피부는 작은 골편들로 덮여 있다. 스테고사우루스의 가장 큰 특징은 목부터 꼬리까지 나 있는, 17개에서 22개나 되는 납작한 골판들이다. 이 골판들은 과거에 피부 속에 있던 골편들이 변형된 것이다. 골판들은 모두 오각형 모양이며, 목에서 골반으로 갈수록 크기가 커지다가 골반에서 꼬리로 갈수록 다시 작아진다. 골판 속에는 핏줄이 가득하다. 이로 미루어 보아 골판은 아마도 더운 날에 뜨거워진 몸속의 피를 식히는 데 쓰였을 것이다. 19세기 말 스테고사우루스를 처음 연구한 과학자는 이 골판들이 마치 거북의 등껍데기처럼 공룡의 몸을 덮고 있었을 것이라고 여겼다. 꼬리 끝에는 가시처럼 변한 2쌍의 골편이 있는데, 이것을 골침이라고 부른다. 스테고사우루스는 1미터 길이의 골침들을 육식 공룡과 싸우는 데 썼다.

미국의 카네기자연사박물관에 전시된, 스테고사우루스의 골격.

Stegosaurus

스테노니코사우루스

이름 뜻: 가느다란 발톱 도마뱀
분류: 수각류 〉 테타누라류 〉 코일루로사우루스류 〉 마니랍토라류 〉 트로오돈과
시대: 7600만 년 전, 백악기 후기 **분포:** 캐나다
몸길이: 2.4미터 **몸무게:** 50킬로그램
식성: 잡식성

큰 눈을 가진 공룡이다. 눈이 커서 아마 밤에도 잘 돌아다녔을 것이다. 지금까지 알려진 공룡 중에서 몸에 비해 가장 큰 뇌를 가지고 있다. 그래서 많은 과학자들은 스테노니코사우루스의 지능이 당시에 살았던 다른 공룡들과 비교하면 상당히 뛰어났을 것으로 보고 있다. 큰 눈과 길고 날카로운 발톱 때문에 과학자들은 한때 스테노니코사우루스를 포함한 트로오돈과의 공룡들이 육식 공룡일 것이라 여겼다. 하지만 이들의 아래턱 구조가 식물을 먹는 이구아나와 비슷하다는 연구 결과가 발표되면서 최근에는 이들이 잡식성이었을 것으로 추정하고 있다. 어린 스테노니코사우루스가 다 자라기까지 걸린 시간은 3년에서 5년 정도로 보고 있다.

ⓒ Greg Heartsfield

미국의 페롯 자연과학 박물관에 전시된, 스테노니코사우루스의 전신 골격.

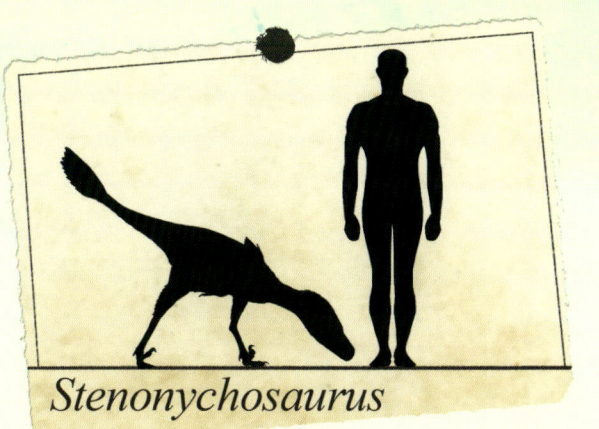
Stenonychosaurus

스피노사우루스

이름 뜻: 척추 도마뱀
분류: 수각류 〉테타누라류 〉메갈로사우루스상과 〉스피노사우루스과
시대: 1억 1200만 년 전 ~ 9350만 년 전, 백악기 후기 **분포**: 카메룬, 이집트, 케냐, 모로코, 니제르, 튀니지
몸길이: 15미터 **몸무게**: 9톤
식성: 육식성

주로 물고기를 잡아먹었다. 지금까지 알려진 육식 공룡 중에서 몸길이가 가장 길다. 머리뼈의 길이도 거의 2미터나 된다. 주둥이는 좁고 기다랗다. 입안에는 고깔 모양의 이빨들이 가득한데, 이러한 모양의 이빨은 미끄러운 물고기를 물 때 유용했다. 콧구멍은 다른 공룡들에 비해 뒤쪽에 위치한다. 콧구멍과 눈 사이에는 얇은 뼈로 이루어진 볏 하나가 솟아 있다. 주둥이 끝에는 신경과 핏줄이 지나가는 구멍이 가득나다. 그래서 과학자들은 스피노사우루스가 굉장히 예민한 주둥이를 가졌을 것으로 추정하고 있다. 이 공룡은 어쩌면 주둥이 끝을 물속에 담가 물고기 움직임을 감지해 물고기를 낚아챘을 것이다. 스피노사우루스의 가장 큰 특징은 등 위로 높이 솟은 아주 기다란 척추다. 가장 기다란 척추는 일반적인 크기보다 길이가 거의 10배는 더 길다. '척추 도마뱀'이란 뜻의 이름은 이 커다란 척추 때문에 붙여졌다. 스피노사우루스가 살아 있을 때는 척추가 얇은 피부로 덮여 있었을 것이다. 아마도 돛처럼 보였을 구조물은 이성을 유혹하거나, 무더운 날에 몸을 식히는 데 쓰였을 것이다.

일본의 국립 과학관에 전시된, 스피노사우루스의 전신 골격. 주둥이 일부와 척추 몇 개를 제외하고 나머지 부위들은 다른 비슷한 공룡을 참고해 복원한 것이다.

시노사우롭테릭스

이름 뜻: 중국 도마뱀 날개
분류: 수각류 > 테타누라류 > 코일루로사우루스류 > 콤프소그나투스과
시대: 1억 2460만 년 전 ~ 1억 2200만 년 전, 백악기 전기 **분포**: 중국
몸길이: 1.3미터 **몸무게**: 5킬로그램
식성: 육식성

삼각형의 크고 기다란 머리를 가지고 있다. 얼마나 기냐면 종아리뼈보다 머리뼈의 길이가 더 길다. 주둥이에 난 이빨은 칼날처럼 얇지만 위치에 따라 모양이 조금씩 다르다. 앞 니에는 톱날이 없지만, 뒤에 난 이빨에는 앞뒤로 톱날이 있다. 목은 길고 유연하다. 앞다리는 몸에 비해 짧으며 첫 번째 앞발가락이 제일 길다. 꼬리도 목처럼 길고 유연하다. 꼬리를 이루는 척추가 무려 64개나 되는데, 이것은 지금까지 알려진 육식 공룡 중에서 가장 많은 꼬리뼈 개수다. 시노사우롭테릭스 화석은 과거에 살았던 공룡 일부가 깃털을 가지고 있었다는 사실을 처음으로 알려 준 증거다. 1996년에 보고된 시노사우롭테릭스의 화석에는 솜털 같은 깃털의 흔적들이 목부터 등을 따라 꼬리 끝까지 보존되어 있었다. 과학자들은 성능이 뛰어난 현미경을 이용해 이 깃털들에서 색소 세포를 만드는 세포 소기관들을 발견하기도 했다. 과학자들은 깃털에 남아 있는 세포 소기관의 모양을 관찰해 과거의 깃털 색을 복원했다. 그 결과 시노사우롭테릭스의 눈과 꼬리에 갈색 줄무늬들이 있었다는 사실을 알아냈다. 이 줄무늬 때문에 시노사우롭테릭스의 꼬리는 너구리의 꼬리를 연상시킨다. 시노사우롭테릭스는 호숫가 주변에서 작은 동물들을 잡아먹고 살았다.

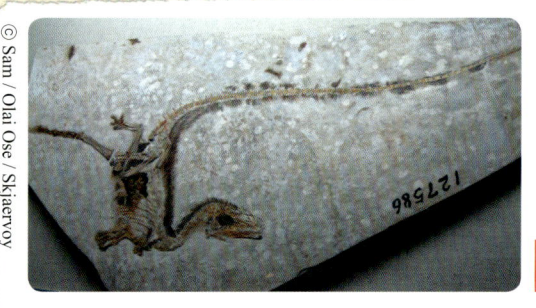

시노사우롭테릭스의 화석.
목 뒤부터 꼬리 끝까지 솜털 같은 깃털의 흔적이 보존되어 있다.

시노사우루스

이름 뜻: 중국 도마뱀

분류: 수각류 〉 테타누라류

시대: 2억 100만 년 전 ~ 1억 9600만 년 전, 쥐라기 전기 **분포**: 중국

몸길이: 6미터 **몸무게**: 1톤

식성: 육식성

길쭉하고 좁은 주둥이를 가지고 있다. 콧등에는 얇고 낮은 뼈로 이루어진 볏 한 쌍이 솟아 있다. 이 볏은 이성을 유혹하는 데 쓰였을 것이다. 주둥이 끝은 둥글다. 위턱 앞쪽 가장자리가 살짝 위로 울퉁불퉁한데, 이것은 발버둥 치는 먹잇감을 단단히 물기 위한 구조다. 미국의 딜로포사우루스와 모습이 많이 닮았다. 그래서 과학자들은 한동안 시노사우루스가 딜로포사우루스의 한 종류인 줄 알았다. 2013년에는 시노사우루스의 위턱뼈가 보고된 적이 있다. 이 위턱뼈에는 시노사우루스가 살아 있을 때 충격을 받아 부러진 이빨이 남아 있었다. 아마도 시노사우루스가 다른 육식 공룡과 싸우거나 몸집이 큰 초식 공룡을 사냥하다가 입은 부상일 것이다. 시노사우루스의 뒷발은 오늘날의 독수리와 비슷해서 어떤 과학자들은 이들이 독수리처럼 뒷발과 발톱으로 고깃덩어리를 잘 움켜쥐었을 것으로 보고 있다. 시노사우루스는 상당히 건조한 환경에서 살았던 것으로 여겨진다.

© Matteo De Stefano/MUSE

이탈리아의 트렌토 과학 박물관에 전시된, 시노사우루스의 전신 골격.

아르겐티노사우루스

이름 뜻: 아르헨티나 도마뱀
분류: 용각형류 〉 용각류 〉 신용각류 〉 마크로나리아류 〉 티타노사우루스류
시대: 9700만 년 전 ~ 9350만 년 전, 백악기 후기 **분포**: 아르헨티나
몸길이: 37미터 **몸무게**: 83톤
식성: 초식성

지금까지 알려진 공룡 중에서 가장 몸집이 크고 무겁다. 크기가 워낙 커서 다리뼈 화석이 처음 발견되었을 때 큰 나무 화석으로 오해를 받았다. 지금까지 발견된 화석은 겨우 척추 몇 개와 골반과 뒷다리뼈 일부분이다. 하지만 과학자들은 몇 개 안 되는 이 화석들을 다른 목긴공룡들과 비교해서 아르겐티노사우루스의 전체 모습을 복원할 수 있었다. 허벅지뼈 길이는 거의 2미터나 되며, 발견된 척추 중 가장 큰 것은 높이가 1.6미터나 된다. 몸이 크고 무겁다 보니 뛸 수가 없고 천천히 걸어야만 했다. 2013년에는 아르겐티노사우루스의 걷는 속도를 컴퓨터 모의실험을 통해 추정한 연구 결과가 보고되었다. 이 실험에 따르면 아르겐티노사우루스가 빨리 걸을 때의 속도는 초속 2미터다. 그러니까 사람이 평소에 걷는 속도보다는 조금 더 빠르지만 빠르게 걷는 속도보다는 느리다. 공룡은 몸집이 거대했지만 어린 아르겐티노사우루스는 작은 치와와 했을 것이다. 이 작고 어린 공룡이 다 자라는 데는 약 15년이 걸렸다. 그러니까 하루에 55킬로그램 정도씩 성장한 셈이다.

Argentinosaurus

아르카이옵테릭스

이름 뜻: 오래된 날개
분류: 수각류 〉테타누라류 〉코일루로사우루스류 〉마니랍토라류 〉조익류
시대: 1억 5000만 년 전 ~ 1억 4800만 년 전, 쥐라기 후기 **분포**: 독일
몸길이: 50센티미터 **몸무게**: 1킬로그램
식성: 육식성

오늘날 새의 조상이 되는 공룡이다. 까마귀만 한 몸집의 이 작은 공룡은 생긴 것도 까마귀와 비슷하다. 하지만 까마귀와는 몇 가지 차이점이 있다. 우선 아르카이옵테릭스의 부리 안에는 뾰족한 이빨들이 솟아 있다. 이 이빨들은 단단한 곤충이나 질긴 피부를 가진 작은 파충류를 으깨 먹을 때 쓰였다. 그리고 이 공룡의 날개에는 세 개의 앞발가락이 있다. 이 앞발가락은 나뭇가지를 붙잡는 데 쓰였을 것이다. 또한 아르카이옵테릭스는 길고 뻣뻣한 꼬리뼈를 가지고 있다. 이 꼬리뼈는 나무와 나무 사이를 활공할 때 몸의 균형과 방향을 잡아 주는 역할을 했다. 과학자들은 한동안 아르카이옵테릭스가 오늘날의 새들과 달리 하늘을 날지 못하고 활공만 했을 것이라고 여겼다. 날개를 퍼덕일 때 필요한 튼튼한 가슴 근육들이 붙는 큰 가슴뼈가 아르카이옵테릭스에게는 없었기 때문이다. 그런데 이 공룡의 머리뼈를 컴퓨터 단층 촬영을 해 두뇌를 복원한 결과가 2004년에 보고되었다. 복원된 뇌는 오늘날 새와 매우 비슷했다. 특히 몸의 근육을 자유자재로 조절하고 시력을 담당하는 부위가 발달해 있었다. 이는 하늘을 날아다닐 때 꼭 필요한 능력이다. 그래서 지금은 많은 과학자들이 아르카이옵테릭스가 오늘날의 새처럼 하늘을 잘 날았다고 보고 있다. 우리나라에서는 아르카이옵테릭스를 '시조새'라고도 부른다.

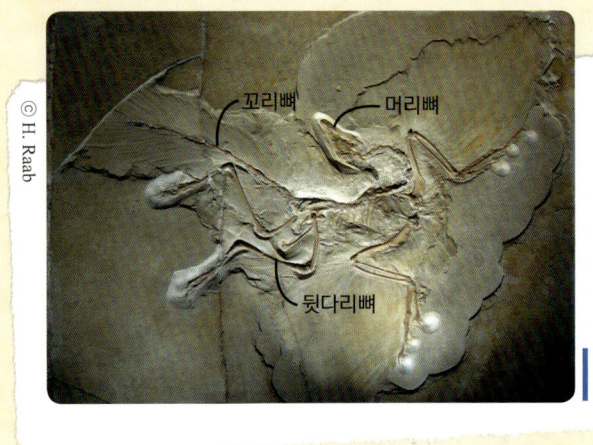

독일의 베를린 자연사 박물관에 전시된, 아르카이옵테릭스의 화석.

아마르가사우루스

이름 뜻: 라아마르가 도마뱀

분류: 용각형류 〉 용각류 〉 신용각류 〉 디플로도쿠스상과 〉 디크라이오사우루스과

시대: 1억 2940만 년 전 ~ 1억 2240만 년 전, 백악기 전기 **분포**: 아르헨티나

몸길이: 12미터 **몸무게**: 3톤

식성: 초식성

다른 용각류와 비교하면 몸집이 작은 편이다. 주둥이는 넓적하며 이빨은 연필심처럼 가늘다. 아마르가사우루스는 이빨로 잎사귀를 긁고 뜯어서 바로 삼켰다. 다른 용각류처럼 긴 목과 긴 꼬리를 가지고 있다. 가장 눈에 띄는 특징은 바로 목 뒤로 솟아오른 가시들이다. 이 가시들은 목에서 어깨까지 한 쌍씩 줄지어 나 있으며, 목 가운데로 갈수록 길어진다. 가장 긴 가시는 여덟 번째 목뼈에 위치하며 높이가 60센티미터나 된다. 사실 이 가시들은 목뼈가 길게 연장되어 각질로 덮인 것이다. 어떻게 쓰였는지는 알려진 바가 없다. 육식 공룡을 무찌르기 위한 무기로 보기에는 가느다랗고 약하다. 이성을 유혹하기 위해 쓰였을 가능성이 매우 크다. 아마르가사우루스의 화석은 아르헨티나의 '라아마르가'라는 지역에서만 발견된다. 이 공룡의 이름은 여기서 따온 것이다. 아마르가사우루스는 강이나 호수 근처에서 살았다.

오스트레일리아의 멜버른 박물관에 전시된, 아마르가사우루스의 전신 골격.

Amargasaurus

아크로칸토사우루스

- **이름 뜻**: 높은 척추 도마뱀
- **분류**: 수각류 › 테타누라류 › 카르노사우루스류 › 카르카로돈토사우루스과
- **시대**: 1억 1600만 년 전 ~ 1억 1000만 년 전, 백악기 전기 **분포**: 미국
- **몸길이**: 12미터 **몸무게**: 6톤
- **식성**: 육식성

티라노사우루스와 맞먹는 몸집을 가진 거대한 육식 공룡이다. 머리는 길고 좁으며 길이는 약 1.3미터다. 머리뼈에는 큰 구멍들이 나 있다. 이 구멍들은 머리의 무게를 줄이는 역할을 했다. 콧등은 오돌토돌하며 눈 앞에는 뼈로 된 작은 볏 한 쌍이 있다. 이빨은 칼날처럼 얇고 앞뒤로 톱날이 발달했다. 이 공룡의 가장 큰 특징은 등 위로 높게 솟은 척추다. 그리스어로 '높은 척추 도마뱀'이란 뜻의 이름은 이것 때문에 붙여졌다. 하지만 스피노사우루스의 등에 솟은 척추만큼 높다랗지는 않았다. 아크로칸토사우루스의 척추가 왜 이렇게 높은지는 아직 알려진 바가 없다. 앞다리는 짧으며 겨우 60도 정도만 움직일 수 있어서 쓸모가 거의 없었다. 허벅지는 종아리보다 길어서 보폭이 크지 않았다. 그래서 빠른 속도로 뛸 수가 없었다. 어린 아크로칸토사우루스가 다 자라려면 12년이 넘게 걸렸을 것으로 추정된다. 아크로칸토사우루스는 당시 환경에 살았던 가장 큰 육식 동물이다. 이들은 범람원을 돌아다니며 조각류나 용각류를 잡아먹거나 데이노니쿠스가 잡은 먹이를 뺏어 먹었을 것이다.

미국의 노스캐롤라이나 자연과학 박물관에 전시된, 아크로칸토사우루스의 골격.

Acrocanthosaurus

아파토사우루스

이름 뜻: 속이는 도마뱀
분류: 용각형류 〉 용각류 〉 신용각류 〉 디플로도쿠스상과 〉 디플로도쿠스과
시대: 1억 5200만 년 전 ~ 1억 5100만 년 전, 쥐라기 후기　**분포**: 미국
몸길이: 24미터　**몸무게**: 25톤
식성: 초식성

머리가 몸에 비해 작다. 주둥이 앞쪽에는 연필 모양의 이빨들이 나 있다. 목뼈가 15개나 되어서 목이 6~7미터에 이를 정도로 길다. 하지만 목이 상당히 굵어서 별로 유연하지 않았기 때문에 목을 어깨 위로는 잘 올리지 않았다. 대신에 좌우로 움직이며 키 작은 식물들을 뜯어 먹었다. 목의 단면은 삼각형이다. 몸통은 커다란 드럼통 모양이다. 앞다리가 뒷다리보다 훨씬 짧다. 꼬리는 길고 유연하다. 디플로도쿠스와 마찬가지로 꼬리 끝이 채찍처럼 가느다래서 꼬리를 휘두르며 육식 공룡의 공격에 맞섰을 것이다. 2014년에는 꼬리 끝이 부러진 아파토사우루스가 보고되기도 했다. 어쩌면 육식 공룡을 향해 너무 세게 꼬리를 휘두른 나머지 꼬리뼈가 부러졌는지도 모른다. 어린 아파토사우루스는 몰티즈만 한 몸집이었을 것으로 추정된다. 새끼 공룡이 다 자라기까지 걸린 시간은 고작 15년 정도다. 하루에 최대 15킬로그램씩 몸무게가 늘었을 것으로 여겨진다. 아파토사우루스는 강과 호수 주변을 돌아다니며 살았다. 아파토사우루스의 화석을 처음 연구한 과학자는 이 공룡의 꼬리뼈만 보고는 그 꼬리뼈가 해양 파충류인 모사사우루스의 것이라고 생각했다. 아파토사우루스와 모사사우루스는 꼬리뼈의 모양이 서로 매우 비슷하기 때문이다. 이처럼 과학자를 헷갈리게 했기 때문에 '속이는 도마뱀'이란 뜻의 이름이 붙여지게 되었다.

Apatosaurus

아프로베나토르

이름 뜻: 아프리카의 사냥꾼

분류: 수각류 〉테타누라류 〉메갈로사우루스상과 〉메갈로사우루스과

시대: 1억 6700만 년 전 ~ 1억 6100만 년 전, 쥐라기 중기 **분포**: 니제르

몸길이: 8미터 **몸무게**: 1.4톤

식성: 육식성

현재까지 1마리의 골격 화석만 발견된 희귀한 공룡이다. 길쭉한 주둥이를 가졌으며 눈 앞에는 볼록한 볏 한 쌍이 솟아 있다. 목은 길고 유연하다. 앞다리는 뒷다리에 비해 짧다. 하지만 다른 육식 공룡들에 비하면 긴 편이다. 앞발가락은 세 개씩 있다. 잘 발달된 앞발톱을 이용해 발버둥 치는 작은 초식 공룡이나 큰 고깃덩어리를 붙잡았을 것이다. 티라노사우루스나 알로사우루스와 비교했을 때 몸집이 그리 큰 편은 아니지만 당시 환경에서는 가장 큰 육식 동물이었다. 같은 지층에서 발견되는 목긴공룡들을 노렸을 것으로 추정된다. 아프로베나토르는 메갈로사우루스과에 속하는 육식 공룡 중에서 유일하게 아프리카 대륙에서 발견된 종류이기도 하다.

일본의 공룡 엑스포에서 전시된, 아프로베나토르의 복원된 머리뼈.
코와 아래턱 앞쪽은 다른 공룡을 참고해서 복원했다.

안키오르니스

이름 뜻: 새에 가까운
분류: 수각류 〉 테타누라류 〉 코일루로사우루스류 〉 마니랍토라류 〉 조익류
시대: 1억 6000만 년 전, 쥐라기 후기 **분포**: 중국
몸길이: 40센티미터 **몸무게**: 200그램
식성: 육식성

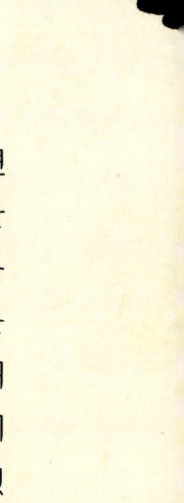

온몸이 깃털로 덮여 있는 작은 육식 공룡이다. 머리 위로는 깃털들이 길게 솟아 있다. 목은 길고 유연하다. 날개에는 뻣뻣한 깃털들이 길게 솟아 있다. 날개의 앞쪽 끝에는 날카로운 발톱이 달린 긴 앞발가락 세 개가 있다. 앞발가락은 나무 위에서 움직일 때 나뭇가지를 갈고리처럼 붙잡는 역할을 했을 것이다. 안키오르니스의 가슴 근육은 오늘날의 새들만큼 발달하지는 못했다. 그래서 많은 과학자들은 이 공룡이 하늘을 나는 대신에 활공을 했을 것으로 추정하고 있다. 안키오르니스의 날개가 뽐내기용이었을 것이라고 여기는 과학자들도 있다. 길고 튼튼한 뒷다리에도 날개에서처럼 깃털들이 길게 솟아 있다. 하지만 뒷다리의 깃털들은 확실히 뽐내기용이었을 것이다. 안키오르니스의 긴 꼬리에도 깃털들이 풍성하게 뻗어 있다. 과학자들은 성능이 뛰어난 현미경을 이용해 안키오르니스의 깃털에서 색소 세포를 만드는 세포 소기관들을 찾아내기도 했다. 과학자들은 이것의 모양을 통해 깃털 색을 복원할 수 있었다. 복원 결과에 따르면 안키오르니스는 온몸이 검은색 깃털로 덮여 있었다. 하지만 머리 위에는 붉은색 깃털이, 날개와 다리와 꼬리에는 끝이 검은 하얀 깃털이 달려 있었다. 안키오르니스는 새의 조상이 되는 공룡으로 '시조새'로 알려진 아르카이옵테릭스보다도 더 오래전에 살았다.

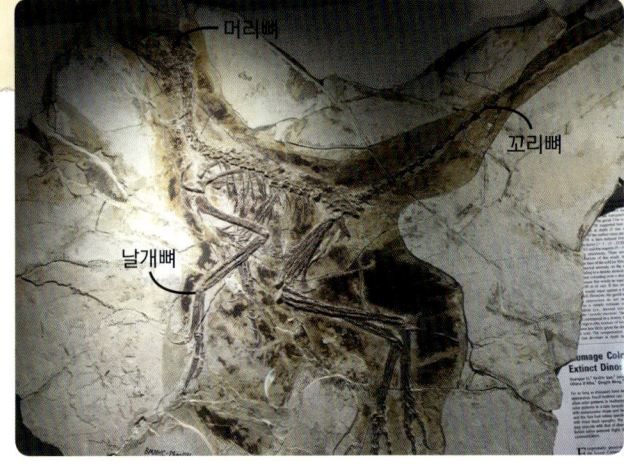

중국의 베이징 자연사 박물관에 전시된, 안키오르니스의 화석.
뼈 주변의 거뭇거뭇한 것은 깃털의 흔적이다.

안킬로사우루스

이름 뜻: 융합된 도마뱀
분류: 조반류 〉 장순류 〉 곡룡류 〉 안킬로사우루스과
시대: 6800만 년 전 ~ 6600만 년 전, 백악기 후기 **분포**: 미국, 캐나다
몸길이: 9미터 **몸무게**: 4톤
식성: 초식성

지금까지 알려진 곡룡류 중에서 가장 크다. 발견된 머리뼈 중 가장 큰 것은 길이와 너비가 각각 65센티미터와 75센티미터에 이른다. 위에서 바라봤을 때 머리 모양은 삼각형이다. 코부터 콧등, 눈 위, 뺨까지 머리가 온통 크고 작은 골편들로 뒤덮여 있다. 이 골편들은 머리뼈에 단단히 붙어 있는데, 그리스어로 '융합된 도마뱀'이란 뜻의 이름은 이 골편들 때문에 붙여졌다. 주둥이 끝에는 뼈와 각질로 이루어진 둥근 부리가 있다. 주둥이 안에는 부리 뒤쪽으로 나뭇잎 모양의 작은 어금니들이 나 있다. 부리로 뜯은 식물은 어금니로 조금 씹은 후에 삼켰다. 짧은 목 위에는 골편들이 합쳐져서 만들어진 머리띠 모양의 구조물 두 개가 덮여 있다. 이 구조물들은 목을 보호하는 데 쓰였다. 몸통은 넓적하며 다리는 짧다. 등에는 골편들이 6줄로 늘어서 있다. 꼬리가 시작되는 부위는 유연하지만, 나머지 부위는 야구 방망이처럼 뻣뻣하고 단단하다. 꼬리 끝에는 골편 4개가 커져서 뭉쳐진 뼈 뭉치가 있다. 다른 안킬로사우루스와 싸우거나 육식 공룡으로부터 몸을 지킬 때 이 뼈뭉치를 휘둘렀을 것이다.

미국의 로키스 박물관에 전시된, 안킬로사우루스의 머리뼈. 앞에서 바라본 모습이다.

알로사우루스

이름 뜻: 이상한 도마뱀
분류: 수각류 〉 테타누라류 〉 카르노사우루스류 〉 알로사우루스과
시대: 1억 5500만 년 전 ~ 1억 4600만 년 전, 쥐라기 후기 **분포**: 미국, 포르투갈
몸길이: 8.5미터 **몸무게**: 2.5톤
식성: 육식성

길이가 약 80센티미터인 좁은 상자 모양의 머리뼈를 가지고 있다. 주둥이 안에는 앞뒤로 톱날이 발달한 얇은 칼날 같은 이빨이 70개 정도 나 있다. 눈 앞에는 뼈로 된 볏 한 쌍이 솟아 있다. 아마도 이성을 유혹하는 데 쓰였을 것이다. 목은 짧으며 9개의 목뼈로 이루어져 있다. 앞다리의 길이는 뒷다리의 절반도 되지 않는다. 앞발에는 발가락이 세 개씩 달려 있다. 뒷다리가 길고 튼튼해서 빠른 속도로 달릴 수 있었다. 긴 꼬리는 길고 굵어서 몸의 균형을 잡을 때 유용했다. 현재까지 수백 마리가 넘는 화석이 발견된 덕분에 가장 연구가 잘된 육식 공룡이다. 미국에서는 46마리나 되는 알로사우루스의 골격이 한곳에서 무더기로 발견된 적도 있다. 물가의 진흙에 빠져 죽은 초식 공룡들을 먹으러 갔다가 실수로 함께 빠져 죽은 것이라 추정된다. 어린 알로사우루스가 다 자라기까지 걸린 시간은 15년 정도다. 어린 알로사우루스는 몸무게도 가볍고 다리도 길어서 주로 몸집이 작은 재빠른 동물을 잡아먹었던 것으로 여겨진다. 반면에 다 자란 공룡은 몸집이 큰 스테고사우루스나 아직 덜 자란 용각류도 잡아먹었을 것이다. 스테고사우루스의 가시에 맞아서 척추에 구멍이 난 알로사우루스의 화석이 발견된 적도 있다. 목과 등뼈의 앞쪽 부위에는 공기주머니가 있었던 공간들이 존재하는데, 이 공룡을 처음 연구한 과학자는 이러한 특징이 이상하다고 여겨 그리스어로 '이상한 도마뱀'이란 이름을 붙여 주었다. 하지만 나중에 알고 보니 이런 특징은 여러 종류의 공룡에게서 볼 수 있는 흔한 것이었다.

Allosaurus

알바레즈사우루스

이름 뜻: 알바레스의 도마뱀

분류: 수각류 〉테타누라류 〉코일루로사우루스류 〉마니랍토라류 〉알바레즈사우루스과

시대: 8600만 년 전 ~ 8300만 년 전, 백악기 후기 **분포**: 아르헨티나

몸길이: 1미터 **몸무게**: 3킬로그램

식성: 육식성

곤충 같은 작은 동물을 잡아먹고 살던 공룡이다. 목이 길고 어깨가 발달했으며 길고 가는 다리와 꼬리를 가졌다. 머리뼈는 발견된 적이 없어서 어떻게 생겼는지 알려지지 않았다. 하지만 머리가 발견된 다른 알바레즈사우루스과의 공룡들과 비슷하게 새처럼 생겼을 것으로 추정된다. 유난히 크게 발달한 첫 번째 앞발톱은 나무껍질을 벗기거나 흰개미의 집을 부술 때 쓰였을 것이다. 다리가 몸에 비해 매우 길어서 굉장히 빨리 뜀박질을 할 수 있는 공룡이었다. 새와 너무 비슷하게 생겨서 어떤 과학자들은 이 공룡이 새라고 주장하기도 했다. 하지만 지금은 가장 원시적인 마니랍토라류 중 하나일 것으로 보고 있다. 이 공룡의 이름은 아르헨티나의 유명한 역사학자이자 내과 의사였던 그레고리오 알바레스의 이름에서 따온 것이다.

일본의 공룡 엑스포에서 전시된, 알바레즈사우루스의 전신 골격. 머리와 몸통, 골반은 다른 공룡을 참고해서 복원했다.

Alvarezsaurus

알베르토사우루스

이름 뜻: 앨버타 도마뱀
분류: 수각류 〉테타누라류 〉코일루로사우루스류 〉티라노사우루스상과 〉티라노사우루스과
시대: 7100만 년 전 ~ 6800만 년 전, 백악기 후기 **분포:** 캐나다
몸길이: 8.6미터 **몸무게:** 2.4톤
식성: 육식성

길이가 약 1미터나 되는 큰 머리뼈를 가지고 있다. 주둥이에는 58개나 되는 바나나 모양의 이빨들이 나 있는데, 이 이빨들은 굵고 앞뒤로 톱날이 발달했다. 목은 짧지만 유연하다. 앞다리는 뒷다리에 비해 상당히 짧다. 앞다리가 짧은 티라노사우루스과의 다른 공룡들과 비교해도 짧은 편이다. 앞발가락은 양발에 2개씩 달려 있다. 뒷다리는 긴 편이라 빨리 걸으면 최대 시속이 20킬로미터 정도 나올 것으로 추정된다. 어린 알베르토사우루스는 다리 길이가 몸에 비해 어른보다 더 길어서 더 빠른 속도로 움직였을 것으로 여겨진다. 현재까지 발견된 알베르토사우루스의 화석 중에서 가장 어린 공룡은 2살로 몸길이가 2미터, 몸무게가 50킬로그램에 이른다. 어린 알베르토사우루스가 다 자라기까지 약 20년이 걸렸으며, 지금까지 보고된 알베르토사우루스 중에서 가장 나이가 많은 공룡은 28살이다. 20세기 초에는 알베르토사우루스 26마리가 한곳에서 발견되기도 했다. 이 무리에는 다 자란 공룡부터 새끼까지 다양한 연령대의 알베르토사우루스가 포함되어 있었다. 이를 통해 과학자들은 알베르토사우루스가 무리 지어 사냥했을 것으로 추정하고 있다. 발견된 무리는 홍수와 같은 자연재해 때문에 떼죽음을 당한 것으로 여겨진다. 알베르토사우루스의 화석은 캐나다의 앨버타주에서 발견되기 때문에 이 공룡에게 '앨버타 도마뱀'이란 뜻의 이름이 붙여지게 되었다.

양추아노사우루스

이름 뜻: 융촨 도마뱀

분류: 수각류 〉 테타누라류 〉 카르노사우루스류 〉 메트리아칸토사우루스과

시대: 1억 6800만 년 전 ~ 1억 6300만 년 전, 쥐라기 중기 **분포**: 중국

몸길이: 11미터 **몸무게**: 3.5톤

식성: 육식성

길이가 약 82센티미터인 좁은 상자 모양의 머리뼈를 가지고 있다. 눈 앞에는 볏 한 쌍이 솟아 있다. 짧지만 유연한 목을 가지고 있다. 앞다리는 짧고 뒷다리는 길다. 북아메리카의 알로사우루스와 아주 비슷하게 생겼다. 아니나 다를까 이 공룡은 알로사우루스의 가까운 친척이다. 두 공룡을 쉽게 구분할 수 있는 특징은 바로 콧등인데, 양추아노사우루스가 알로사우루스보다 콧등이 더 울퉁불퉁하게 솟아 있다. 양추아노사우루스는 같은 환경에 살았던 용각류나 검룡류를 잡아먹었을 것이다. '융촨 도마뱀'이란 뜻의 이름은 이 공룡이 중국의 융촨구에서 발견되었기 때문에 붙여졌다. 최초의 양추아노사우루스 화석은 1976년에 인부들이 댐을 짓다가 발견했다.

미국 델라웨어 자연사 박물관에 전시된 양추아노사우루스의 전신 골격.

Yangchuanosaurus

에드몬토사우루스

이름 뜻: 에드먼턴 도마뱀
분류: 조반류 > 각각류 > 조각류 > 이구아노돈류 > 안킬로폴렉시아류 > 하드로사우루스과
시대: 7300만 년 전 ~ 6600만 년 전, 백악기 후기 **분포**: 미국, 캐나다
몸길이: 12미터 **몸무게**: 5톤
식성: 초식성

길이가 약 1.2미터인 머리뼈를 가지고 있다. 넓적한 주둥이 끝에는 뼈와 각질로 이루어진 부리가 있다. 주둥이 안에는 부리 뒤로 수백 개의 마름모꼴 이빨이 나 있다. 에드몬토사우루스는 부리를 이용해 한꺼번에 식물을 많이 뜯어서 윗니와 아랫니로 갈아 먹었다. 정수리는 납작하며 한가운데에는 연부 조직으로 이루어진 볏 하나가 솟아 있다. 앞다리는 길고 얇으며, 앞발은 손모아장갑과 비슷하게 생겼다. 첫 번째 앞발가락은 퇴화해 없어졌다. 뒷다리는 길고 튼튼하며, 뒷발톱은 말의 발굽처럼 짧고 끝이 둥글다. 꼬리는 두껍고 길며 몸의 균형을 잡는 데 쓰였다. 에드몬토사우루스는 오늘날의 물소나 누처럼 큰 무리를 이루며 살았다. 그래서 미국의 화석지에서는 2만 마리가 넘는 에드몬토사우루스가 한꺼번에 화석으로 발견되기도 했다. 이들의 천적은 티라노사우루스였다. 그래서 꼬리뼈에 티라노사우루스의 이빨 자국들이 남겨진 에드몬토사우루스의 화석이 가끔씩 발견된다.

Edmontosaurus

에오랍토르

이름 뜻: 새벽의 약탈자
분류: 용각형류
시대: 2억 3100만 년 전 ~ 2억 2800만 년 전, 트라이아스기 후기 **분포**: 아르헨티나
몸길이: 1미터 **몸무게**: 10킬로그램
식성: 잡식성

삼각형 모양의 좁고 가벼운 머리를 가지고 있다. 주둥이에는 서로 모양이 다른 윗니와 아랫니가 나 있다. 윗니는 육식 공룡의 이빨처럼 뒤로 휘어지고 앞뒤로 톱날이 발달했다. 아랫니는 초식공룡의 이빨처럼 나뭇잎 모양이다. 이런 이빨 모양 때문에 과학자들은 에오랍토르가 잡식성이었을 것으로 보고 있다. 목은 유연하며 앞다리가 뒷다리보다 짧다. 앞발가락은 5개씩, 뒷발가락은 4개씩 있다. 몸집이 작고 날쌘하며 눈이 크다는 이유로 에오랍토르가 새끼 공룡이라고 주장하는 과학자도 있었다. 하지만 에오랍토르의 화석이 많이 발견되면서 원래 작은 공룡이었다는 사실이 밝혀졌다. 처음에 발견되었을 때는 겉모습이 육식 공룡과 매우 비슷해서 과학자들은 이 공룡이 원시적인 수각류인 줄 알았다. '새벽의 약탈자'라는 뜻의 이름은 이 공룡이 원시적인 수각류에 속한다는 생각 때문에 붙여졌다. 하지만 지금은 거대한 용각류의 조상이 되는 공룡일 것으로 추정된다. 에오랍토르는 나무로 뒤덮인 따뜻하고 습한 범람원 지대에서 살았다.

캐나다의 왕립 온타리오 박물관에 전시된, 에오랍토르의 골격.

Eoraptor

에오티라누스

이름 뜻: 새벽의 폭군
분류: 수각류 〉테타누라류 〉코일루로사우루스류 〉티라노사우루스상과
시대: 1억 3000만 년 전, 백악기 전기 **분포**: 영국
몸길이: 4미터 이상 **몸무게**: 500킬로그램 이상
식성: 육식성

지금까지 발견된 에오티라누스의 화석은 청소년기의 공룡 1마리뿐이다. 거의 다 자란 이 공룡의 몸길이가 4미터였으니, 다 자란 에오티라누스의 몸길이는 4미터를 약간 넘었을 것이다. 몸집이 작고 앞다리와 앞발이 길지만 에오티라누스는 놀랍게도 유명한 티라노사우루스의 머나먼 조상이 되는 공룡이다. 사실 외모만 보면 티라노사우루스와 별로 가까운 사이는 아닌 것 같다. 하지만 티라노사우루스와 앞니가 비슷하다. 에오티라누스 앞니의 단면은 D 자인데, 이것은 티라노사우루스가 속하는 티라노사우루스상과 공룡들이 가지고 있는 특징이다. 에오티라누스의 앞다리는 길이가 40센티미터 정도 된다. 육식 공룡치고는 앞다리가 꽤 길다고 할 수 있다. 어쩌면 이 기다란 앞다리를 이용해 초식 공룡이나 굴속에 숨어 있는 작은 동물을 붙잡았을 것이다. 에오티라누스는 티라노사우루스처럼 몸집이 큰 공룡도 한때는 몸집이 작고 날렵한 육식 공룡이었음을 보여 주는 좋은 화석 증거다.

Eotyrannus

에우스트렙토스폰딜루스

이름 뜻: 진짜 거꾸로 된 척추
분류: 수각류 〉 테타누라류 〉 메갈로사우루스상과 〉 메갈로사우루스과
시대: 1억 6200만 년 전, 쥐라기 중기 **분포**: 영국
몸길이: 7미터 이상 **몸무게**: 500킬로그램 이상
식성: 육식성

좁은 머리와 삼각형 모양의 주둥이를 가졌다. 목은 짧지만 유연하며 몸통은 둥글다. 앞다리는 다리 길이의 3분의 1정도밖에 되지 않는다. 꼬리는 길어서 몸의 균형을 잡는 데 유용하다. 거의 다 자란 공룡 1마리만 화석으로 발견되었다. 에우스트렙토스폰딜루스가 살았을 당시 영국은 높아진 해수면 때문에 낮은 곳들이 바다에 잠기고 높은 곳들은 작은 섬들이 되었다. 에우스트렙토스폰딜루스는 이 작은 섬들에서 살았을 것으로 추정된다. 어쩌면 섬 곳곳을 돌아다니며 몸집이 작은 초식 공룡이나 익룡, 바닷가로 밀려온 죽은 동물 등을 먹었을지도 모른다. 몇몇 과학자들은 에우스트렙토스폰딜루스가 오늘날 동남아시아 지역에서 사는 왕도마뱀처럼 이 섬 저 섬을 옮겨 다니며 살았다고 여긴다. 반면에 어떤 과학자들은 이 공룡이 육지에서 살았으며 홍수 때문에 떠내려가 당시 섬이었던 지역에서 오늘날 발견되었을 뿐이라고 주장한다. 진실을 알아내기 위해서는 더 많은 화석이 필요하다. 1960년대 초에 이 공룡을 연구한 과학자는 에우스트렙토스폰딜루스의 척추를 악어의 것과 비교해 연구했다. 이 공룡의 척추는 관절의 앞부분이 볼록하고 뒷부분이 오목했는데, 이것은 앞부분이 오목하고 뒷부분이 볼록한 악어의 것과는 반대였다. '진짜 거꾸로 된 척추'라는 뜻의 이름이 붙여진 것은 바로 이 때문이다.

영국의 옥스퍼드대학교 자연사 박물관에 전시된, 에우스트렙토스폰딜루스의 골격 화석. 아래턱과 아래팔뼈는 발견되지 않아서 전시하지 못했다.

Eustreptospondylus

오르니토미무스

이름 뜻: 새를 닮음

분류: 수각류 > 테타누라류 > 코일루로사우루스류 > 오르니토미모사우루스류 > 오르니토미무스과

시대: 7650만 년 전 ~ 6600만 년 전, 백악기 후기 **분포:** 미국, 캐나다

몸길이: 4미터 **몸무게:** 180킬로그램

식성: 잡식성

이빨이 없는 대신에 뼈와 각질로 이루어진 주둥이를 가지고 있다. 머리는 작으며 목은 길고 유연하다. 앞다리와 앞발가락은 길다. 앞발톱은 나무늘보와 아주 비슷하다. 그래서 오르니토미무스를 처음 연구한 과학자는 이 공룡도 나무늘보처럼 앞발톱으로 나뭇가지를 붙잡아 잎사귀를 뜯어 먹었을 것으로 추정했다. 2012년에는 오르니토미무스의 앞다리 바깥쪽에 긴 깃털이 붙어 있던 흔적이 있다는 사실이 보고되면서 이 공룡의 앞다리가 새의 날개와 비슷하게 생겼음이 밝혀졌다. 하지만 깃털이 뻣뻣하지 못하고 몸이 무거워서 하늘을 날 수는 없었다. 앞다리의 깃털은 어쩌면 이성을 유혹하거나 뜨거운 햇살과 비를 가려 새끼를 보호할 때 쓰였을 것이다. 오르니토미무스는 바닷가 근처에 강이 잘 발달한 범람원 지대에서 살았다. 뒷다리는 길고 튼튼해서 뜀박질을 잘했다. 첫 번째 발가락은 퇴화해서 뒷발에는 발가락이 3개씩 있다. 뒷발뼈는 티라노사우루스와 매우 비슷하다. 그래서 1890년대 초에 티라노사우루스의 뒷발 화석이 처음 발견되었을 때 과학자들은 그것을 거대한 오르니토미무스의 발로 착각하기도 했다.

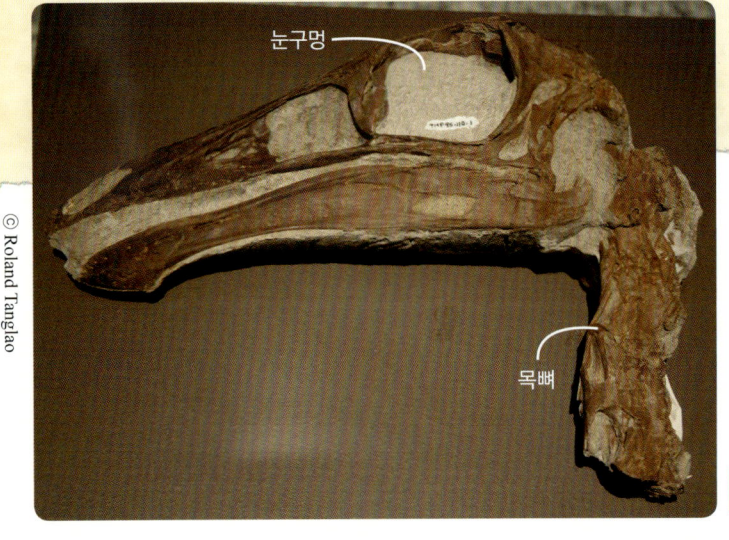

캐나다의 왕립 티렐 박물관에 전시된, 오르니토미무스의 머리뼈와 목뼈 일부.

오르니톨레스테스

이름 뜻: 새 도둑
분류: 수각류 〉 테타누라류 〉 코일루로사우루스류
시대: 1억 5400만 년 전, 쥐라기 후기 **분포**: 미국
몸길이: 2미터 **몸무게**: 20킬로그램
식성: 육식성

몸에 비해 작은 머리를 가졌다. 주둥이는 짧으며 아래턱은 두껍다. 고깔 모양의 앞니에는 앞뒤로 톱날이 있지만 그다지 발달하지는 않았다. 하지만 안쪽에 난 갈고리 모양의 이빨에는 앞뒤로 톱날이 잘 발달해 있다. 오르니톨레스테스의 이빨 중에서 가장 큰 것은 앞니다. 이 공룡은 어쩌면 앞니를 이용해 죽은 동물의 살점을 섬세하게 발라냈거나 깃털을 다듬을 때 사용했을 것이다. 눈은 아주 커서 머리 길이의 25퍼센트나 차지한다. 앞다리도 굉장히 길어서 뒷다리 길이의 3분의 2 정도 된다. 오르니톨레스테스를 처음 연구한 과학자는 이 공룡이 긴 앞다리를 이용해 원시 새들을 사냥했을 것으로 생각했다. 그래서 '새 도둑'이란 뜻의 이름을 붙여 주었다. 하지만 지금은 이 공룡이 실제로 긴 앞다리를 이용해 새를 붙잡지는 않았을 것으로 여겨진다. 대신에 오르니톨레스테스는 긴 앞다리로 작은 동물이나 고깃덩어리를 붙잡는 용도로 썼는지도 모른다.

미국 자연사 박물관에 전시된, 오르니톨레스테스의 골격.

Ornitholestes

오릭토드로메우스

이름 뜻: 땅 파는 달리기 선수
분류: 조반류 〉 파르크소사우루스과
시대: 9900만 년 전 ~ 9400만 년 전, 백악기 후기 **분포**: 미국
몸길이: 2미터 **몸무게**: 22킬로그램
식성: 초식성

작은 머리와 짧은 목을 가졌다. 어깨뼈는 크고 두꺼우며 앞다리가 튼튼하다. 뒷다리는 길어서 잘 뛰어다녔을 것이다. 2007년에 오릭토드로메우스 3마리의 화석이 굳은 모래로 채워진 2미터 길이의 굴속에서 발견되었다. 과학자들은 이 굴이 오릭토드로메우스가 가족을 이루어 살던 집이었을 것으로 추정했다. 이것이 사실이라면 이 공룡은 오늘날의 하이에나나 토끼처럼 굴을 파고 살았을 것이다. 오릭토드로메우스는 몸집이 작은 공룡치고는 튼튼한 앞다리를 가졌는데, 어쩌면 앞다리로 땅굴을 열심히 팠는지도 모른다. 무더운 건기 때 햇볕을 피하거나 육식 공룡의 눈에 띄지 않기 위해 굴을 파서 숨었을 것이다. 이 공룡은 강이나 호수 근처에서 살았다.

미국 로키스 박물관에 전시된, 오릭토드로메우스의 골격.

오비랍토르

이름 뜻: 알 도둑
분류: 수각류 〉테타누라류 〉코일루로사우루스류 〉마니랍토라류 〉오비랍토로사우루스류
시대: 7500만 년 전, 백악기 후기 **분포**: 몽골
몸길이: 2.5미터 **몸무게**: 40킬로그램
식성: 잡식성

지금까지 1마리의 골격만 발견되었다. 발견된 부위는 머리뼈 일부와 목뼈, 등뼈, 날개뼈, 그리고 골반 일부다. 이빨이 없는 대신에 뼈와 각질로 된 부리가 있다. 특이하게도 입천장이 뾰족해서 단단한 껍데기가 있는 먹이를 입천장으로 깨 먹었을 것이다. 눈은 큰 편이다. 오비랍토르과의 다른 공룡들과 마찬가지로 콧등에 뼈로 이루어진 볏이 있었을 것이다. 하지만 유일하게 발견된 머리뼈의 콧등 부위가 깨져 있어서 볏의 모양은 확실하지 않다. 3개의 앞발가락이 있는 날개를 가지고 있지만 몸이 커서 날 수는 없었다. 아마도 날개는 알이나 새끼를 감싸는 데 쓰였을 것이다. 20세기 초에 처음 화석으로 발견되었을 때 오비랍토르는 둥지 화석 위에 앉아 있는 자세를 하고 있었다. 이것을 처음 연구한 과학자는 오비랍토르가 알을 훔치기 위해 둥지에 다가갔다가 둥지를 지키던 어미 프로토케라톱스에게 죽임을 당했다고 추정했다. 라틴어로 '알 도둑'이라는 뜻의 이름은 이 때문에 붙여졌다. 하지만 오비랍토르가 앉아 있던 둥지는 사실 오비랍토르의 것이었다. 이 공룡은 모래 폭풍으로부터 둥지를 지키다가 생매장을 당한 것이었다. 하지만 과학계에서는 한번 붙여진 이름은 절대로 바꿀 수 없어서 오해가 풀렸는데도 이 공룡을 여전히 '알 도둑'이라고 부르고 있다.

Oviraptor

우넨라기아

이름 뜻: 반쪽짜리 새
분류: 수각류 > 테타누라류 > 코일루로사우루스류 > 마니랍토라류 > 드로마이오사우루스과
시대: 8900만 년 전, 백악기 후기 **분포:** 아르헨티나
몸길이: 2.4미터 **몸무게:** 40킬로그램
식성: 육식성

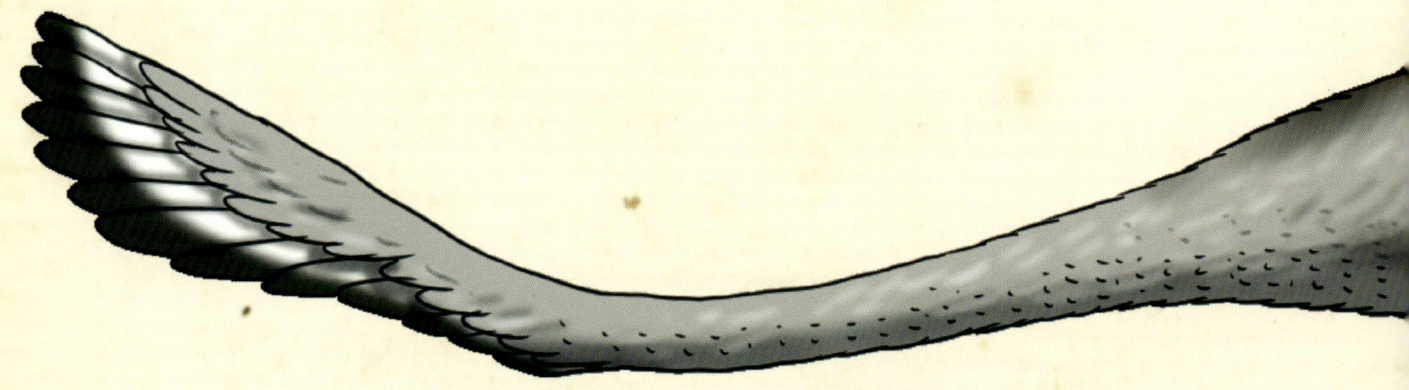

1996년에 처음 발견되었을 때 과학자들은 우넨라기아가 원시 새인 줄 알았다. 이 공룡의 골반이 새와 비슷했기 때문이다. 그래서 아르헨티나 중서부에 사는 토착민의 언어로 '반쪽짜리 새'라는 뜻의 이름이 붙여졌다. 하지만 새보다는 오히려 벨로키랍토르나 데이노니쿠스와 같은 공룡과 가까운 관계다. 지금까지 겨우 2마리만 발견되어서 굉장히 희귀한 공룡이기도 하다. 우넨라기아의 어깨뼈는 등 쪽에 가깝게 위치해 있는데, 이러한 이유로 일부 과학자들은 이 공룡이 날갯짓을 했을 것으로 보고 있다. 물론 몸도 무겁고 몸집에 비해 날개가 작아서 하늘을 날지는 못했다. 대신에 몸집이 큰 육식 공룡을 피해 가파른 바위나 나무 위로 쉽게 뛰어오를 수는 있었을 것이다. 어떤 과학자들은 우넨라기아의 조상이 되는 공룡들은 하늘을 날 수 있었는데 나중에 날개가 퇴화해 날개가 짧은 우넨라기아가 되었다고 여긴다.

Unenlagia

우타랍토르

이름 뜻: 유타의 약탈자

분류: 수각류 〉테타누라류 〉코일루로사우루스류 〉마니랍토라류 〉드로마이오사우루스과

시대: 1억 2600만 년 전, 백악기 전기 **분포**: 미국

몸길이: 6미터 **몸무게**: 450킬로그램

식성: 육식성

주둥이는 길쭉하고 끝이 좁으며 둥글다. 이빨은 뾰족하고 뒤로 휘어져 있다. 목은 짧지만 유연하다. 날개를 가지고 있지만 몸집이 크고 무거워서 날 수는 없었다. 날개는 어쩌면 뽐내는 데나, 몸의 균형을 잡는 데 쓰였을 것이다. 뒷다리는 짧고 튼튼하며 두 번째 뒷발가락에는 25센티미터나 되는 커다란 낫 모양 발톱이 있다. 우타랍토르는 튼튼한 뒷다리와 날카로운 발톱을 이용해 발버둥 치는 먹잇감을 위에서 내리누른 후 주둥이로 살점을 뜯어 먹었을 것이다. 2001년에는 몸길이가 1미터 정도 되는 새끼부터 다 자란 공룡에 이르기까지 총 7마리의 우타랍토르 화석이 한곳에서 조각류 1마리와 함께 발견된 적이 있다. 이것을 연구하고 있는 과학자들은 우타랍토르들이 죽어 있는 조각류를 먹기 위해 늪에 들어갔다가 그만 빠져 죽고 말았다고 추정하고 있다. 우타랍토르는 미국의 유타주에서 처음 발견되었으며 지금까지도 이곳에서만 보고되고 있다. '유타의 약탈자'라는 뜻의 이름은 이러한 이유로 붙여졌다.

미국의 북미 고대사 박물관에 전시된, 우타랍토르의 전신 골격.

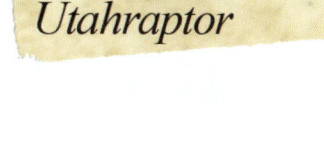

Utahraptor

유티라누스

이름 뜻: 깃털 달린 폭군
분류: 수각류 〉 테타누라류 〉 코일루로사우루스류 〉 티라노사우루스상과 〉 프로케라토사우루스과
시대: 1억 2460만 년 전, 백악기 전기 **분포**: 중국
몸길이: 9미터 **몸무게**: 2톤
식성: 육식성

옆에서 바라봤을 때 삼각형에 가까운 머리를 가지고 있다. 콧등이 울퉁불퉁하며 코끝은 둥글다. 눈 앞에는 낮은 고깔 같은 볏 한 쌍이 솟아 있다. 울퉁불퉁한 콧등과 볏은 뽐내기용이었을 것이다. 목은 짧으며 다른 육식 공룡처럼 앞다리가 뒷다리보다 짧다. 하지만 가까운 친척인 티라노사우루스와 달리 앞발가락이 3개씩 있다. 골반이 크고 뒷다리도 튼튼해서 성큼성큼 뛸 수도 있었을 것이다. 서로 나이가 다른 3마리가 한곳에서 발견되었기 때문에 과학자들은 유티라누스가 자라나면서 모습이 어떻게 변했는지 알 수 있었다. 어린 유티라누스의 다리는 긴 편이었다. 하지만 나이가 들면서는 다리는 많이 자라지 않는다. 대신에 몸통과 주둥이가 커진다. 유티라누스의 화석에서는 깃털 자국도 확인되었다. 깃털 자국은 골반과 다리와 꼬리에서 발견되었는데, 아마도 머리부터 꼬리 끝까지 덮여 있었을 것이다. 이 깃털들은 실 모양으로 길이는 20센티미터 정도다. 유티라누스가 살았던 환경은 조금 쌀쌀한 편이었어서 온몸을 덮고 있던 깃털들이 몸을 따뜻하게 유지해 주었을 것이다. 유티라누스는 현재까지 깃털 자국이 발견된 공룡 중에서 몸집이 가장 크다.

이

이름 뜻: 날개
분류: 수각류 〉 테타누라류 〉 코일루로사우루스류 〉 마니랍토라류 〉 스칸소리옵테릭스과
시대: 1억 6500만 년 전 ~ 1억 5300만 년 전, 쥐라기 중·후기   **분포**: 중국
몸길이: 60센티미터   **몸무게**: 380그램
식성: 육식성

주둥이가 짧고 끝이 둥글다. 아래턱은 살짝 아래로 휘어져 있다. 얇고 긴 이빨은 주둥이 앞쪽에만 몰려 있는데, 이 이빨로 단단한 껍데기를 가진 딱정벌레 같은 작은 동물들을 잡아먹었을 것이다. 날개는 길고 얇으며, 앞발가락은 3개씩 있다. 두 번째 앞발가락이 가장 긴 다른 육식 공룡들과 달리 세 번째 앞발가락이 제일 길다. 이의 앞다리에는 특이하게도 앞다리 위쪽 뼈보다도 긴 앞발목뼈가 있다. 이 기다란 뼈는 날개의 피부막을 지지하는 역할을 했을 것으로 추정된다. 이 특이한 앞발목뼈는 다른 어떤 동물에게서도 보고된 적이 없다. 머리와 목, 어깨, 날개 부위에서는 깃털 화석도 확인되었다. 이를 연구한 과학자들은 깃털 화석에서 색소를 만드는 세포 소기관을 찾아내 이 공룡이 검은색과 노란색을 띠는 깃털로 덮여 있었다는 사실도 알아냈다. 이는 힘찬 날갯짓으로 하늘을 날아오르지는 못했지만, 나무와 나무 사이를 활공했을 것으로 추정된다. 지금까지 보고된 공룡 중에서 이름이 가장 짧다.

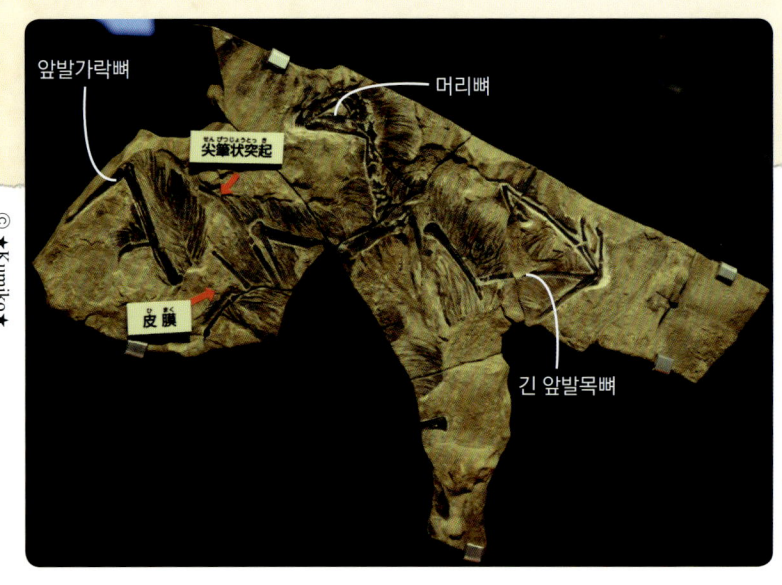

이의 화석. 뼈 주위로 거뭇거뭇하게 있는 것은 깃털 화석이다. 중앙의 위쪽에 있는 것이 머리이며, 하반신은 거의 보존되지 않았다.

이구아노돈

이름 뜻: 이구아나의 이빨
분류: 조반류 〉 각각류 〉 조각류 〉 이구아노돈류 〉 안킬로폴렉시아류 〉 이구아노돈과
시대: 1억 3000만 년 전 ~ 1억 2500만 년 전, 백악기 전기 **분포**: 벨기에, 에스파냐, 영국
몸길이: 10미터 **몸무게**: 5톤
식성: 초식성

옆에서 바라봤을 때 머리가 직사각형이다. 주둥이 끝에는 뼈와 각질로 이루어진 부리가 있다. 주둥이 안에는 앞니는 없고 마름모꼴의 작은 어금니들이 줄지어 나 있다. 아래턱은 두꺼운 편이다. 이구아노돈은 튼튼한 아래턱을 위아래로 움직이면서 질긴 식물을 어금니로 갈아 먹었다. 앞다리는 길고 두꺼우며, 앞발은 머리와 크기가 비슷할 정도로 크다. 앞발에는 발가락이 5개씩 있다. 엄지는 고깔 모양이고 새끼발가락은 길고 유연하다. 나머지 앞발가락 3개는 서로 이어져 있다. 앞발가락은 각각 달리 쓰였는데, 뾰족한 엄지는 땅속에 뻗은 식물 뿌리를 캐내서 먹을 때나 다른 이구아노돈과 싸울 때 쓰였을 것이다. 서로 이어져 있는 앞발가락들은 몸을 지탱하는 데, 새끼발가락은 식물의 줄기나 잎사귀를 잡는 데 쓰였을 것으로 추정된다. 뒷다리는 튼튼하지만 빨리 달리기에 적합한 구조는 아니었다. 뒷발에는 발가락이 3개씩 있으며 모두 몸을 지탱하는 데 쓰였다. 꼬리는 길고 뻣뻣하다. 어릴 때는 네 발, 성장하면 두 발로 걷는 사람과 반대로 이구아노돈은 어릴 때는 몸이 가벼워서 두 뒷다리로만 걸어 다녔고, 자라서 몸이 무거워지면 네 발로 걸었다. 하지만 육식 공룡을 만나면 다 자란 공룡도 뒷다리로 서서 빨리 뛸 수 있었다. 이구아노돈의 이빨은 오늘날의 초식성 도마뱀인 이구아나와 아주 비슷하다. 그래서 라틴어로 '이구아나 이빨'이란 뜻의 이름을 얻게 되었다.

인롱

이름 뜻: 숨어 있는 용
분류: 조반류 〉 각각류 〉 주식두류 〉 각룡류
시대: 1억 5800만 년 전, 쥐라기 후기　**분포:** 중국
몸길이: 1.2미터　**몸무게:** 15킬로그램
식성: 초식성

머리는 옆에서 보나 위에서 보나 삼각형이다. 주둥이는 짧고 눈과 뒤통수 부위가 머리의 대부분을 차지한다. 주둥이 끝에는 뼈와 각질로 된 부리가 있고, 부리 바로 뒤에는 고깔 모양의 앞니가 솟아 있다. 어금니는 굵고 바깥쪽이 나뭇잎 모양이다. 눈이 상당히 크기 때문에 시력이 좋았을 것으로 추정된다. 정수리 부위는 납작하다. 앞발은 뒷발에 비교하면 많이 작은 편이다. 위장에 해당하는 부위에서는 작은 돌들이 발견되었다. 이 돌들은 인롱이 살아 있을 때 질긴 먹이를 위장 속에서 잘게 갈기 위해 삼킨 것이다. 오늘날의 새들이 모래를 삼켜서 먹이를 가는 것과 비슷하다. 이들의 후손인 트리케라톱스나 센트로사우루스와 달리 몸이 작고 가벼워서 뒷다리로만 걸어 다녔다. 현재까지 알려진 각룡류 중에서 가장 오래되었다. 인롱의 화석이 발견된 지역은 영화 <와호장룡>의 촬영지이기도 하다. '누운 호랑이와 숨은 용'이란 뜻의 영화 제목에서 이 공룡의 이름을 따왔다.

온전하게 보존된 인롱의 머리뼈.
왼쪽이 주둥이 부위다.

Yinlong

친타오사우루스

이름 뜻: 칭다오 도마뱀
분류: 조반류 〉 각각류 〉 조각류 〉 이구아노돈류 〉 안킬로폴렉시아류 〉 하드로사우루스과
시대: 7000만 년 전, 백악기 후기 **분포**: 중국
몸길이: 9미터 **몸무게**: 2톤
식성: 초식성

아래로 휘어진 길쭉한 주둥이를 가지고 있다. 주둥이 끝에는 뼈와 각질로 이루어진 넓적한 부리가 있다. 주둥이 안에는 앞니는 없지만 부리 뒤로 마름모꼴의 작은 이빨들이 줄지어 솟아 있다. 머리 위에는 코뼈가 위로 솟아올라 만들어진 길쭉한 혹 모양의 볏이 솟아 있다. 친타오사우루스의 콧구멍 속 공간은 볏을 따라 휘어져 있다. 과학자들은 친타오사우루스가 이 괴상한 볏을 이용해 매우 낮은 소리를 냈을 것으로 보고 있다. 친타오사우루스는 어쩌면 낮은 소리로 다른 친타오사우루스와 의사소통을 했을지도 모른다. 1958년에 처음 보고된 친타오사우루스의 머리뼈에는 이 볏의 앞부분이 깨져 있었다. 뒷부분만 남아 있는 볏은 마치 상상의 동물인 유니콘의 뿔 같았다. 그래서 많은 과학자가 친타오사우루스를 유니콘처럼 뿔이 정수리에 우뚝 솟은 모습으로 복원했다. 볏을 제대로 복원하게 된 것은 2013년부터다. 이 공룡의 이름은 이 공룡이 처음 발견된 지역인 칭다오에서 따왔다. 칭다오는 맥주로 유명한 중국의 항구 도시다.

© Tim Evanson

중국의 고생물학 박물관에 전시된, 친타오사우루스의 골격. 벼슬의 앞부분이 훼손되어서 마치 뿔처럼 보인다.

Tsintaosaurus

카르노타우루스

이름 뜻: 육식 소
분류: 수각류 〉 케라토사우루스류 〉 아벨리사우루스상과 〉 아벨리사우루스과
시대: 7200만 년 전 ~ 6990만 년 전, 백악기 후기 **분포**: 아르헨티나
몸길이: 8미터 **몸무게**: 2.2톤
식성: 육식성

머리뼈는 길이가 60센티미터 정도이며 옆에서 바라봤을 때 위아래로 넓다. 짧은 주둥이 안에는 길고 얇은 이빨이 60개 정도 나 있다. 콧등은 울퉁불퉁하다. 눈 위로는 길이가 15센티미터나 되는 고깔 모양의 뿔이 한 쌍 솟아 있다. 이 뿔은 머리의 양 옆을 향하고 있다. 한때 몇몇 과학자들은 카르노타우루스가 뿔을 이용해 마치 산양처럼 박치기를 했을 것으로 보았다. 또 다른 과학자들은 카르노타우루스가 뿔을 햇빛을 가리는 용으로 사용했다고 여겼다. 마치 선글라스처럼 말이다. 하지만 지금은 이 공룡이 뿔을 뽐내기용으로 썼을 것으로 보고 있다. 라틴어로 '육식 소'라는 뜻의 이름은 이 뿔 때문에 붙여졌다. 목은 길고 유연하며 몸통 또한 긴 편이다. 앞다리는 몸에 비해 상당히 짧은데, 사람 팔의 절반 정도밖에 되지 않으며 박수도 칠 수 없어 쓸모없었을 것으로 여겨진다. 반면에 카르노타우루스는 길고 잘 발달한 뒷다리를 가지고 있다. 그래서 과학자들은 이 공룡이 길고 튼튼한 다리, 그리고 다리와 꼬리를 이어 주는 큰 근육들을 이용해 최대 시속 56킬로미터로 뛸 수 있었을 것으로 보고 있다. 타조보다는 조금 느리지만 사람보다는 두 배나 빠른 속도다.

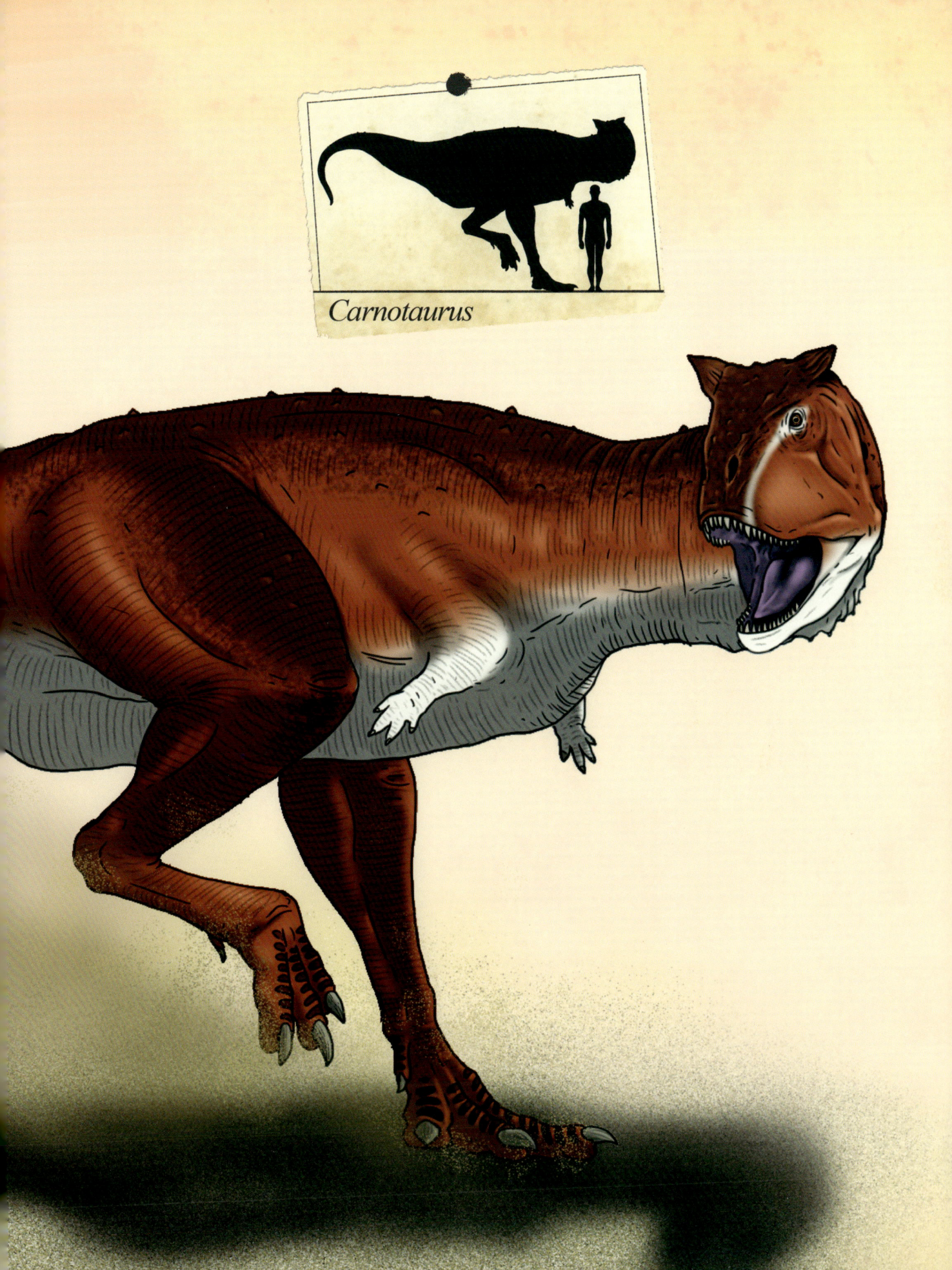
Carnotaurus

카르카로돈토사우루스

이름 뜻: 상어 이빨 도마뱀
분류: 수각류 〉테타누라류 〉카르노사우루스류 〉카르카로돈토사우루스과
시대: 1억 1200만 년 전~9350만 년 전, 백악기 **분포**: 알제리, 이집트, 모로코, 니제르, 튀니지
몸길이: 13미터 **몸무게**: 13톤
식성: 육식성

머리뼈는 길이가 1.6미터 정도이며 옆에서 바라봤을 때 삼각형이다. 머리뼈에는 크고 작은 구멍들이 나 있는데, 이 구멍들은 카르카로돈토사우루스가 살아 있었을 때 공기 주머니들로 채워져 있었다. 그래서 카르카로돈토사우루스는 머리가 비교적 가벼웠다. 이빨은 뒤를 향해 휘어져 있고 칼날처럼 얇으며 앞뒤로 톱날이 발달했다. 카르카로돈토사우루스를 처음으로 자세히 연구한 과학자는 이 공룡의 이빨이 백상아리 이빨처럼 앞뒤로 톱날이 발달해 있다는 사실에 주목했다. 이러한 이유로 '상어 이빨 도마뱀'이란 뜻의 그리스어 이름이 붙여졌다. 카르카로돈토사우루스가 튼튼한 턱을 이용해 최대 424킬로그램 정도의 고기를 들어 올릴 수 있다는 연구 결과도 있다. 카르카로돈토사우루스는 남아메리카의 기가노토사우루스와 매우 비슷하게 생겼다. 사실 이 두 공룡은 가까운 친척으로, 같은 조상 공룡으로부터 진화했다. 기가노토사우루스가 살았던 남아메리카와 카르카로돈토사우루스가 살았던 아프리카는 원래 하나의 땅덩어리였다. 하지만 지금으로부터 약 1억 8000만 년 전에 두 대륙이 서로 갈라지기 시작하면서 서로 다른 공룡으로 진화했다.

카마라사우루스

이름 뜻: 방 도마뱀
분류: 용각형류 〉 용각류 〉 신용각류 〉 마크로나리아류 〉 카마라사우루스과
시대: 1억 5500만 년 전 ~ 1억 4500만 년 전, 쥐라기 후기 **분포:** 미국
몸길이: 18미터 **몸무게:** 14톤
식성: 초식성

지금까지 알려진 용각류 중에서 가장 많이 발견된 공룡이다. 옆에서 바라본 머리는 정사각형에 가깝고 주둥이 끝은 둥그렇다. 이빨은 날이 네모난 조각칼처럼 생겼으며, 큰 것은 길이가 19센티미터나 되었다. 같은 시기와 장소에 살았던 다른 용각류인 디플로도쿠스나 아파토사우루스보다 이빨이 더 튼튼해서 아주 질긴 식물도 잘 먹었다. 하지만 질긴 식물을 많이 뜯다 보면 이빨이 쉽게 닳아 없어진다. 그래서 두 달에 한 번꼴로 전체 이갈이를 했다. 앞발의 크고 뾰족한 엄지발톱으로는 땅을 파헤쳐 지하수를 찾거나 또는 함부로 덤비는 육식 공룡을 찔렀을 것으로 추정하고 있다. 1997년 미국에서는 다 자란 카마라사우루스 2마리와 청소년기의 카마라사우루스 1마리가 같은 장소에서 발견된 적이 있다. 이것을 발굴한 과학자들은 카마라사우루스가 작은 무리를 이루며 살았을 것으로 추정했다.

어쩌면 이 무리는 가족이었을 수도 있다. 어린 카마라사우루스가 다 자라기까지는 약 20년 정도가 걸렸다. 다 자란 공룡은 보통 26살 정도까지밖에 살지 못했다. 카마라사우루스는 무더운 건기와 축축한 우기가 반복되는 환경에서 살았다. 이 공룡의 척추에는 무게를 줄이기 위해 큰 구멍들이 나 있는데, 그리스어로 '방 도마뱀'이란 뜻의 이름은 이 구멍들 때문에 붙여졌다.

Camarasaurus

캄프토사우루스

이름 뜻: 유연한 도마뱀
분류: 조반류 〉각각류 〉조각류 〉이구아노돈류 〉안킬로폴렉시아류
시대: 1억 5600만 년 전 ~ 1억 5100만 년 전, 쥐라기 후기 **분포**: 미국
몸길이: 7미터 **몸무게**: 2.5톤
식성: 초식성

머리는 몸에 비해 작은 편이다. 주둥이 끝에 뼈와 각질로 된 부리가 있다. 주둥이 안에는 앞니는 없으며 부리 뒤로 마름모꼴의 이빨들이 나 있다. 목은 길고 유연하며 몸통은 크고 굵다. 뒷다리가 앞다리보다 길어서 주로 뒷다리로 걷거나 뛰었을 것이다. 하지만 천천히 걷거나 키가 작은 식물을 뜯어 먹을 때는 네 다리로 걸었을 것이다. 작은 앞발에는 짧은 발가락이 5개씩 달렸다. 뒷발에는 길고 유연한 발가락이 4개씩 달렸다. 골반을 이루는 뼈들은 서로 느슨하게 맞물려 있는데, 다른 공룡들은 원래 이 부위가 단단히 맞물려 있다. 1885년에 캄프토사우루스를 처음 연구한 과학자는 그래서 이 공룡의 골반이 유연했을 것으로 생각했다. 그리스어로 '유연한 도마뱀'을 뜻하는 이름은 이러한 이유로 붙여졌다. 캄프토사우루스는 튼튼한 뒷다리를 이용해 시속 25킬로미터로 뛸 수 있었을 것으로 추정된다. 시속 30킬로미터로 뛸 수 있었던 당시의 육식 공룡인 알로사우루스보다는 느리게 뛰었던 것이다. 어쩌면 캄프토사우루스는 유연한 골반을 이용해 몸을 이리저리 획획 틀면서 뛰었는지도 모른다. 정말로 그랬다면 알로사우루스가 아무리 빨라도 캄프토사우루스를 사냥하기는 쉽지 않았을 것이다.

일본의 공룡 엑스포에서 전시된, 캄프토사우루스의 전신 골격.

Camptosaurus

케라토사우루스

이름 뜻: 뿔 도마뱀
분류: 수각류 〉 케라토사우루스류 〉 케라토사우루스과
시대: 1억 5300만 년 전 ~ 1억 4800만 년 전, 쥐라기 후기 **분포**: 미국
몸길이: 6미터 **몸무게**: 750킬로그램
식성: 육식성

몸에 비해 큰 머리를 가지고 있다. 머리뼈의 길이는 60센티미터 정도 된다. 주둥이에는 칼날처럼 얇고 앞뒤로 톱니가 발달한 이빨이 가득했다. 윗니가 아랫니보다 많이 긴데, 가장 긴 윗니는 9센티미터나 된다. 아래턱의 두께보다도 더 긴 것이다. 이는 케라토사우루스를 포함하는 케라토사우루스과 공룡들의 특징이기도 하다. 코 위에는 높이가 13센티미터 정도 되는 뼈로 된 얇은 뿔이 솟아 있다. 케라토사우루스가 살아 있었을 때는 이 뿔 위에 각질이 덮여 있었다. '뿔 도마뱀'이란 뜻의 이름은 이 뿔 때문에 붙여졌다. 한때 과학자들은 이 뿔이 천적이나 먹잇감을 들이받는 데 쓰였을 것으로 추정했다. 하지만 두께가 겨우 2센티미터밖에 되지 않아서 지금은 뽐내기용으로 쓰였을 것으로 보고 있다. 눈 앞에도 얇은 뼈로 된 볏 한 쌍이 솟아 있다. 앞다리는 짧고 앞발은 작다. 앞발에는 발가락이 4개씩 달려 있다. 뒷다리는 길고 뒷발은 크다. 뒷발에도 발가락이 4개씩 달려 있다. 꼬리는 길고 유연하다. 특이하게도 목부터 꼬리 끝까지 골편들이 한 줄로 나 있다. 바닷가나 강가를 돌아다니며 몸집이 작은 초식 공룡들을 잡아먹었다. 알로사우루스와 함께 같은 지층에서 발견되기 때문에 어떤 과학자는 오래전에 두 공룡을 같은 종류라고 착각하기도 했다. 코에 뿔이 난 케라토사우루스를 수컷, 코에 뿔이 없는 알로사우루스를 암컷으로 말이다. 물론 두 종류는 전혀 다른 공룡이다.

Ceratosaurus

켄트로사우루스

이름 뜻: 가시 도마뱀
분류: 조반류 〉장순류 〉검룡류 〉스테고사우루스과
시대: 1억 5500만 년 전 ~ 1억 5000만 년 전, 쥐라기 후기 **분포:** 탄자니아
몸길이: 5미터 **몸무게:** 1.5톤
식성: 초식성

스테고사우루스와 많이 닮은 공룡이다. 머리는 작고 납작하다. 주둥이에는 나뭇잎 모양의 작은 이빨들이 나 있다. 목은 길고 유연하며, 몸통은 드럼통같이 굵다. 앞다리가 뒷다리보다 짧다. 골반은 긴 편으로 허벅지뼈와 길이가 비슷하다. 꼬리 또한 긴 편이다. 머리부터 몸통 중간까지 납작한 골판들이 2줄로 솟아 있다. 몸의 중간부터 골반까지는 날카롭고 납작한 골판들이, 골반부터 꼬리 끝까지는 가시 모양의 골판들이 솟아 있다. 그리스어로 '가시 도마뱀'이란 뜻의 이름은 이 가시 같은 골판들 때문에 붙여졌다. 몸 앞쪽에 있는 납작한 골판들은 뽐내기용으로, 뒤쪽에 있는 가시 모양 골판들은 육식 공룡을 무찌르는 용으로 쓰였을 것이다. 긴 꼬리를 아래로 내리고 상체를 들어 올려 마치 시소처럼 뒷다리로 일어설 수도 있다. 이렇게 일어서면 땅에서 3미터 높이에 있는 잎사귀도 뜯어 먹을 수 있다. 켄트로사우루스는 바닷가 주변의 호수나 작은 물웅덩이 주변에서 살았다.

독일의 베를린 자연사 박물관에 전시된, 켄트로사우루스의 전신 골격.

Kentrosaurus

코레아케라톱스

이름 뜻: 한국의 뿔 달린 얼굴
분류: 조반류 〉각각류 〉주식두류 〉각룡류
시대: 1억 300만 년 전, 백악기 전기 **분포**: 한국
몸길이: 1.5미터 **몸무게**: 20킬로그램
식성: 초식성

2008년 우리나라의 경기도 화성시 방파제에서 발견되었다. 하지만 안타깝게도 골반부터 꼬리까지만 발견되어서 머리와 몸통은 수수께끼에 싸여 있다. 튼튼한 발목을 가지고 있어서 뒷다리로 걸어 다녔을 것으로 추정된다. 발가락은 4개씩 달려 있고 발톱은 길고 뾰족하다. 꼬리는 길고 양옆으로 납작한데, 특이하게도 윗부분이 볼록하게 솟아 있다. 코레아케라톱스는 이 희한하게 생긴 꼬리를 좌우로 움직이며 악어나 물고기처럼 헤엄을 쳤는지도 모른다. 물론 평소에는 물가를 돌아다니며 식물을 뜯어 먹었을 것이다. '한국의 뿔 달린 얼굴'이란 뜻의 이름을 가졌다. 하지만 원시적인 각룡류이어서 실제로 머리에 뿔이 있었을 가능성은 적다. 지금까지 겨우 1마리만 발견되어서 굉장히 희귀한 공룡이다. 우리나라의 '1호 공룡 박사' 이융남 교수가 보고한 공룡이기도 하다.

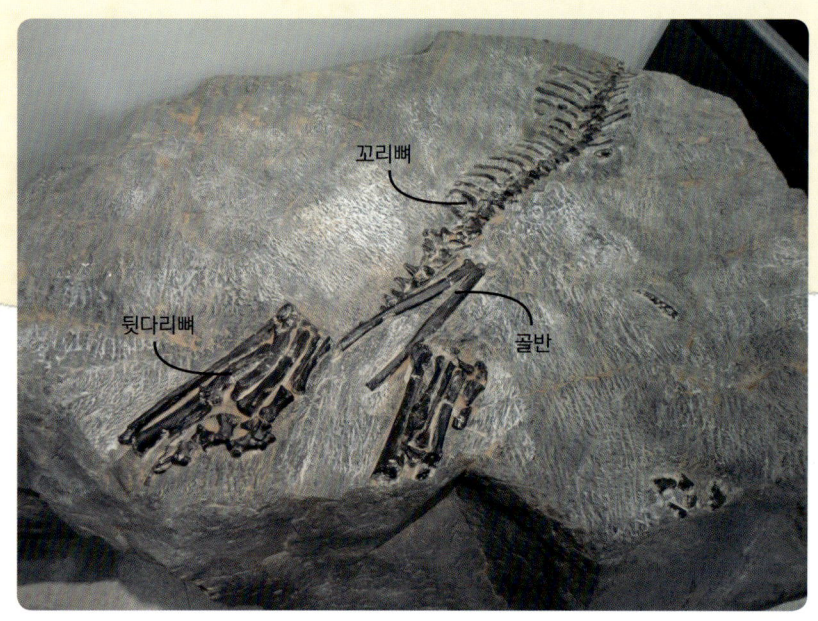

화성 공룡알 화석지 방문자센터에 전시된, 코레아케라톱스의 화석. 뒷다리와 골반, 꼬리뼈만 보존되었다.

Koreaceratops

코일로피시스

이름 뜻: 속이 빈 형태
분류: 수각류 〉 코일로피시스상과 〉 코일로피시스과
시대: 2억 300만 년 전 ~ 2억 100만 년 전, 트라이아스기 후기   **분포**: 미국, 짐바브웨, 남아프리카 공화국
몸길이: 3미터   **몸무게**: 25킬로그램
식성: 육식성

길쭉하고 좁은 머리를 가지고 있다. 머리뼈의 길이는 30센티미터 정도다. 주둥이에는 작고 뾰족한 이빨이 60개 정도 있다. 이빨은 칼날처럼 얇고 앞뒤로 톱날이 발달했다. 눈은 크며 살짝 앞을 향하고 있어서 독수리만큼 시력이 좋았을 것으로 추정된다. 목은 길고 유연하며 몸통은 짧다. 앞다리는 뒷다리에 비해 짧다. 발가락은 4개씩 달려 있다. 주로 몸집이 작은 동물을 잡아먹었다. 한때 코일로피시스는 자신의 새끼를 잡아먹는 냉혹한 공룡으로 알려져 있었다. 미국에서 어린 코일로피시스일 것으로 추정되는 작은 뼈들이 다 자란 코일로피시스의 배 속에서 발견되었기 때문이다. 하지만 나중에 이 작은 뼈들이 작은 원시 악어임이 밝혀져서 새끼를 잡아먹는 공룡이라는 누명을 벗을 수 있었다. 코일로피시스는 오늘날의 새와 악어처럼 새끼를 잘 돌보았을 것이다. 미국의 고스트랜치라는 지역에서는 1000마리가 넘는 코일로피시스의 화석들이 발견되었는데, 아마도 갑작스러운 홍수에 떠밀려 와 한곳에 묻힌 것으로 추정된다. 어린 코일로피시스가 다 자라는 데 약 7년이 걸렸다. 코일로피시스의 척추에는 공기주머니가 들어 있었던 구멍들이 나 있다. 그리스어로 '속이 빈 형태'라는 뜻의 이름은 이 구멍들 때문에 붙여졌다.

미국의 덴버 자연 과학 박물관에 전시된, 다 자란 코일로피시스와 새끼의 골격.

Coelophysis

콘카베나토르

이름 뜻: 쿠엥카의 사냥꾼
분류: 수각류 〉 테타누라류 〉 카르노사우루스류 〉 카르카로돈토사우루스과
시대: 1억 3000만 년 전, 백악기 전기 **분포**: 에스파냐
몸길이: 6미터 **몸무게**: 1.5톤
식성: 육식성

머리는 좁으며 옆에서 바라보면 직사각형에 가깝다. 주둥이에는 칼날처럼 얇고 앞뒤로 톱날이 발달한 이빨들이 나 있다. 눈 앞에는 둥글고 얇은 볏 한 쌍이 솟아 있다. 목은 짧지만 유연하며 몸통은 길다. 거의 모든 육식 공룡과 마찬가지로 앞다리가 짧고 뒷다리가 길다. 앞발가락은 3개, 뒷발가락은 4개씩 달려 있다. 몸길이의 절반 정도를 꼬리가 차지한다. 콘카베나토르의 가장 큰 특징은 등과 꼬리에 걸쳐 솟아 있는 얇은 볏이다. 이 볏은 두 개의 등뼈가 위로 높게 솟아올라 만들어진 것으로 상어의 등지느러미와 닮았다. 이 볏이 어디에 쓰였는지는 아직 정확하게 알려진 바가 없다. 이성을 유혹하는 데 쓰였다고 보는 과학자들이 많다. 하지만 체온 조절용으로 쓰였다고 여기는 과학자들도 있다. 발바닥에는 개나 고양이의 발처럼 두꺼운 살집의 흔적도 발견되었다. 콘카베나토르는 두툼한 발바닥으로 조용히 걸어 다니며 먹잇감을 살금살금 뒤쫓아 갔을지도 모른다. 이 공룡은 에스파냐의 쿠엥카라는 지역에서 발견되었다. 그래서 발견된 지역의 이름을 딴 '쿠엥카의 사냥꾼'이라는 뜻의 이름을 가지게 되었다. 지금까지 겨우 1마리만 발견된 희귀한 공룡이다.

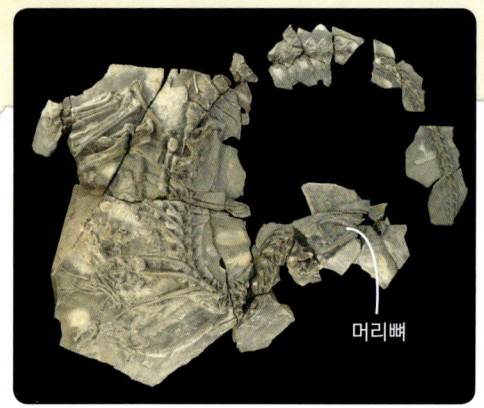

머리뼈

© UNED Universidad Nacional de Educación a Distancia

세계에서 유일한 콘카베나토르의 골격 화석. 머리는 오른쪽 아래에 있다.

콤프소그나투스

이름 뜻: 우아한 턱
분류: 수각류 〉테타누라류 〉코일루로사우루스류 〉콤프소그나투스과
시대: 1억 5080만 년 전, 쥐라기 후기 **분포**: 프랑스, 독일, 포르투갈
몸길이: 1.3미터 **몸무게**: 8킬로그램
식성: 육식성

머리는 작고 옆에서 바라봤을 때 삼각형이다. 주둥이에는 작고 뾰족한 이빨이 가득하다. 콤프소그나투스는 날카로운 이빨로 곤충이나 작은 도마뱀을 아작아작 씹어 먹었다. 눈은 큰 편이다. 앞다리는 뒷다리에 비해 훨씬 짧으며 앞발가락은 3개씩, 뒤발가락은 4개씩 있다. 1859년에 독일에서 처음 발견되었을 때 앞발가락이 겨우 2개씩만 보존된 채로 발견되었다. 그래서 아주 오랫동안 과학자들은 콤프소그나투스가 티라노사우루스처럼 앞발가락이 겨우 2개씩만 있는 줄 알았다. 하지만 1970년대에 앞발가락이 모두 보존된 콤프소그나투스의 화석이 프랑스에서 발견되었다. 몸통은 닭만 하고 꼬리가 몸길이의 절반을 넘게 차지한다. 1993년까지만 해도 콤프소그나투스는 '세상에서 가장 작은 공룡'으로 알려져 있었다. 하지만 그 후로 콤프소그나투스보다 더 작은 공룡의 화석들이 확인되면서 이 타이틀을 넘겨주었다. 현재 화석으로 보고된 가장 작은 공룡은 에피덱십테릭스로 몸길이가 30센티미터도 안 된다. 에피덱십테릭스는 스칸소리옵테릭스와 비슷하게 생긴 공룡이다. 독일에서 발견된 콤프소그나투스 화석의 배 속에는 도마뱀의 골격이 들어 있었다. 콤프소그나투스가 죽기 전에 마지막으로 한 식사였던 이 도마뱀은 새로운 종류로 확인되면서 2017년에 독일어로 '우아한 식사'라는 뜻의 '스코이네스마흘'이란 이름을 얻었다.

미국의 북미 고대사 박물관에 전시된, 콤프소그나투스의 전신 골격.

© Zach Tirrell

Compsognathus

쿤바라사우루스

이름 뜻: 방패 도마뱀
분류: 조반류 〉 장순류 〉 곡룡류
시대: 1억 1900만 년 전 ~ 1억 1300만 년 전, 백악기 전기 **분포**: 오스트레일리아
몸길이: 3미터 **몸무게**: 250킬로그램
식성: 초식성

원시적인 갑옷공룡으로 안킬로사우루스의 머나먼 친척이다. 머리는 육지 거북처럼 생겼다. 주둥이 끝에는 뼈와 각질로 이루어진 부리가 있다. 주둥이 안에는 부리 뒤로 나뭇잎 모양의 작은 어금니들이 줄줄이 나 있다. 쿤바라사우루스는 부리로 식물의 잎사귀를 뜯어 어금니로 몇 번 씹어서 삼켰다. 머리의 윗부분은 매우 납작하다. 목은 짧고 몸통은 드럼통처럼 굵으며 다리는 짧다. 목과 등, 꼬리에는 크고 작은 골편들이 나 있어서 몸을 보호할 수 있었다. 거의 모든 갑옷공룡은 북반구에서 발견된다. 남반구에서는 겨우 세 종류만 발견되었는데, 쿤바라사우루스가 이 중 하나다. 쿤바라사우루스와 같은 시기에 오스트레일리아에서 살았던 '민미'라는 이름의 갑옷공룡도 있다. 하지만 척추 11개와 갈비뼈 5개, 발바닥뼈 일부와 골편 몇 개만 발견되어서 정확한 모습은 아직 알 수 없다.

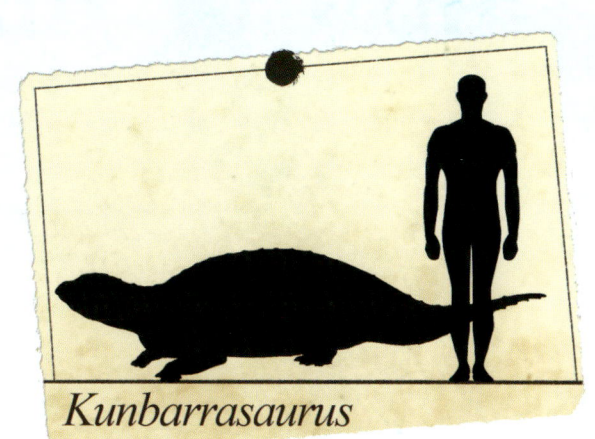
Kunbarrasaurus

크리올로포사우루스

이름 뜻: 차가운 볏 도마뱀
분류: 수각류 〉 코일로피시스상과 〉 딜로포사우루스과
시대: 1억 9400만 년 전 ~ 1억 8800만 년 전, 쥐라기 전기 **분포**: 남극
몸길이: 6미터 **몸무게**: 650킬로그램
식성: 육식성

남극에서 보고된 최초의 육식 공룡 화석이다. 비록 몸길이는 티라노사우루스의 절반도 되지 않지만 쥐라기가 시작될 즈음에는 꽤 큰 몸집을 가진 육식 공룡이었다. 보고된 머리뼈는 뒤통수 부위만 보존되어 있어서 전체 머리뼈 모양은 알기 어렵다. 머리뼈의 너비는 좁고 길이는 65센티미터 정도일 것으로 추정된다. 크리올로포사우루스의 가장 중요한 특징은 바로 정수리 부위에 솟아 있는 부채 모양의 작은 볏이다. 이 볏은 얇은 뼈로 이루어져서 싸울 때 쓰기에는 너무 약했다. 아마도 뽐내는 데 쓰였을 것이다. 볏 모양이 1950년대 미국의 인기 가수 엘비스 프레슬리의 머리 모양과 비슷해서 이 공룡을 '엘비사우루스'라는 별명으로 부르는 과학자들도 있다. 크리올로포사우루스가 살아 있었을 때의 남극은 오늘날과 달리 따뜻하고 식물이 많이 자라는 곳이었다. 크리올로포사우루스는 같은 시기에 살았던 원시 용각류, 익룡, 작은 동물들을 잡아먹었다. 크리올로포사우루스 화석의 배 속에서 포유류의 조상이 되는 동물의 이빨이 발견된 적도 있다.

캐나다의 왕립 온타리오 박물관에 전시된, 크리올로포사우루스의 골격.

Cryolophosaurus

키티파티

이름 뜻: 키티파티 수호신
분류: 수각류 > 테타누라류 > 코일루로사우루스류 > 마니랍토라류 > 오비랍토로사우루스류
시대: 8400만 년 전 ~ 7500만 년 전, 백악기 후기 **분포**: 몽골
몸길이: 2.4미터 **몸무게**: 50킬로그램
식성: 잡식성

옆에서 바라봤을 때 머리가 사각형이다. 짧은 주둥이 끝에는 부리가 있다. 이빨은 없지만 입천장이 뾰족해서 이것을 이용해 단단한 껍데기를 가진 동물을 으깨 먹었을 것이다. 콧등에는 뼈로 된 낮은 볏이 솟아 있다. 눈은 큰 편이다. 목은 길고 유연하며 몸통은 짧다. 날개에는 길고 뻣뻣한 깃털들이 솟아 있었을 것이다. 하지만 날개가 짧고 몸집이 커서 날지는 못했다. 날개는 주로 뽐내기를 하거나 알을 품을 때 쓰였을 것이다. 지금까지 4마리의 키티파티 골격이 날개를 펴서 둥지를 덮고 있는 자세로 발견되기도 했다. 날개에는 발가락이 3개씩 있다. 긴 뒷다리에는 발가락이 4개씩 있다. 꼬리는 짧지만 유연하다. 꼬리 끝에 난 꽁지깃은 부채처럼 펼쳐져 있었을 것이다. 키티파티가 짧고 유연한 꼬리와 꽁지깃을 이용해 오늘날의 공작처럼 이성을 유혹했다고 여기는 과학자들도 있다. 키티파티의 알은 길쭉하며 길이는 18센티미터 정도다. 한 둥지에서 22개의 알 화석이 발견된 적도 있다. '키티파티'는 원래 티베트에 전래된 불교인 라마교의 수호신 이름이다. 이 수호신은 불 한가운데서 춤을 추는 한 쌍의 해골로 그려지는 경우가 많다. 그런데 처음으로 발견된 키티파티 골격 한 쌍의 모습이 이와 비슷해서 같은 이름을 가지게 되었다.

미국 자연사 박물관에 전시된, 키티파티의 화석.
다 자란 공룡이 둥지의 알을 감싸 안은 채 화석으로 보존되었다.

Citipati

타르보사우루스

이름 뜻: 두려운 도마뱀

분류: 수각류 〉 테타누라류 〉 코일루로사우루스류 〉 티라노사우루스상과 〉 티라노사우루스과

시대: 7000만 년 전, 백악기 후기 **분포**: 몽골, 중국, 러시아

몸길이: 11미터 **몸무게**: 5톤

식성: 육식성

티라노사우루스의 가까운 친척이다. 머리뼈의 길이는 1.3미터 정도다. 옆에서 바라봤을 때 머리의 모양이 직사각형에 가깝고 주둥이 끝이 둥글다. 티라노사우루스과에 속하는 다른 공룡들처럼 이빨이 길고 굵으며 앞뒤로 톱날이 발달해 있다. 가장 큰 이빨은 윗니 중 하나로 9센티미터까지 자라기도 한다. 이빨은 최대 64개까지 난다. 턱을 여닫는 근육들이 붙는 뒤통수 부위가 좁아서 티라노사우루스보다는 무는 힘이 약했다. 앞다리는 사람의 팔보다 더 짧다. 하지만 발버둥 치는 먹잇감을 턱으로 물고 있을 때 앞다리로 붙잡을 수는 있었을 것이다. 뒷다리는 긴 편이어서 성큼성큼 빠른 속도로 걸을 수 있었다. 지금까지 30마리가 넘는 타르보사우루스의 골격 화석이 발견되었다. 2006년에는 2~3살로 추정되는 어린 타르보사우루스의 골격 화석이 보고된 적도 있다. 새끼는 다 자란 공룡과 달리 주둥이가 길쭉하고 앞다리가 길었다. 타르보사우루스는 주로 큰 강이 흐르는 지대를 돌아다니며 살았다.

타르보사우루스의 전신 골격.

테논토사우루스

이름 뜻: 힘줄 도마뱀
분류: 조반류 〉 각각류 〉 조각류 〉 이구아노돈류
시대: 1억 1500만 년 전 ~ 1억 800만 년 전, 백악기 전기 **분포:** 미국
몸길이: 7미터 **몸무게:** 1.2톤
식성: 초식성

작고 좁다란 머리를 가지고 있다. 주둥이 끝에는 뼈와 각질로 이루어진 부리가 있다. 위쪽 부리는 끝이 좁고 가장자리가 가지런하지만, 아래쪽 부리는 가장자리가 올록볼록하다. 주둥이 안에는 앞니는 없지만 부리 뒤로 마름모꼴의 작은 어금니들이 줄지어 나 있다. 몸통은 날씬하고 앞다리는 뒷다리보다 조금 짧다. 걸을 때는 네 다리로, 뛰어다닐 때는 두 뒷다리로 움직였다. 앞발은 짧지만 넓고 발가락이 5개씩 달려 있다. 반면에 뒷발은 길고 발가락이 4개씩 달려 있다. 발톱은 소나 말의 발굽처럼 생겼다. 테논토사우루스의 가장 큰 특징은 꼬리다. 꼬리가 넓을 뿐만 아니라 아주 길다. 어느 정도냐면 몸길이의 절반 이상을 차지하며 몸통보다 거의 3배나 더 길다. 등과 꼬리 윗부분에는 뼈로 된 힘줄들이 있어서 꼬리가 뻣뻣했다. 이 힘줄들 때문에 그리스어로 '힘줄 도마뱀'이란 뜻의 이름을 얻게 되었다. 이 거대하고 뻣뻣한 꼬리는 테논토사우루스가 달릴 때 균형을 잡거나, 천적을 만났을 때 무기로 쓰이기도 했다. 테논토사우루스의 꼬리에 맞는 건 4미터 길이의 야구 방망이로 맞는 것과 비슷하다. 새끼가 다 자라는 데 8년 이상이 걸렸다. 테논토사우루스의 화석 중에는 육식 공룡인 데이노니쿠스의 이빨 자국이 보존된 것들이 많다. 테논토사우루스는 데이노니쿠스가 좋아하는 먹잇감이었을 것이다.

Tenontosaurus

테리지노사우루스

이름 뜻: 큰 낫 도마뱀
분류: 수각류 〉 테타누라류 〉 코일루로사우루스류 〉 마니랍토라류 〉 테리지노사우루스류
시대: 7000만 년 전, 백악기 후기 **분포**: 몽골
몸길이: 10미터(추정) **몸무게**: 5톤(추정)
식성: 초식성

지금까지 한 마리만 발견된 굉장히 희귀한 공룡이다. 게다가 발견된 부위가 앞발가락뼈와 앞다리뼈, 어깨뼈뿐이다. 하지만 앞다리가 테리지노사우루스의 가장 큰 특징이다. 테리지노사우루스의 앞다리는 길이가 무려 3미터나 된다. 게다가 가장 큰 앞발톱은 길이가 1미터나 되는데, 세상에서 가장 긴 발톱이다. 그리스어로 '큰 낫 도마뱀'이란 뜻의 이름은 이 기다란 앞발톱 때문에 붙여졌다. 발견된 부위가 앞다리와 어깨뿐이라 과학자들은 이 공룡의 모습을 어떻게 복원해야 할지 전혀 알 수 없었다. 1950년대 초에 테리지노사우루스를 처음 연구한 과학자는 이 동물이 공룡인 줄도 몰랐다. 테리지노사우루스가 그저 큰 발톱을 가진 거북 같은 파충류인 줄 알았다. 이후로 다른 과학자들은 이 공룡을 크고 긴 앞다리와 앞발톱으로 초식 공룡을 사냥하는 무자비한 육식 공룡으로 여겼다. 거의 70년이 지난 지금도 테리지노사우루스의 온전한 골격 화석은 발견되지 않고 있다. 다만 이 공룡의 가까운 친척 공룡들이 발견되어서 테리지노사우루스의 모습을 대강 추정할 뿐이다. 테리지노사우루스는 아마도 용각류처럼 작은 머리와 긴 목, 코끼리와 비슷한 크고 굵은 몸통, 그리고 짧은 꼬리를 가졌을 것이다. 다른 동물을 사냥할 때 썼을 것으로 추정되던 긴 앞발톱은 아마도 잎사귀가 달린 나뭇가지를 잡아당기는 데 쓰였을 것이다. 테리지노사우루스는 마치 고릴라나 판다처럼 앉아서 많은 양의 식물을 먹었을 것이다.

스위스의 아탈 공룡 박물관에 전시된, 테리지노사우루스의 손.

토로사우루스

이름 뜻: 구멍이 뚫린 도마뱀
분류: 조반류 〉각각류 〉주식두류 〉각룡류 〉케라톱스과
시대: 6800만 년 전 ~ 6600만 년 전, 백악기 후기 **분포**: 미국, 캐나다
몸길이: 8미터 **몸무게**: 7톤
식성: 초식성

옆에서 바라봤을 때 직사각형에 가까운 머리를 가지고 있다. 주둥이 끝에 뼈와 각질로 이루어진 부리가 있다. 주둥이 안에는 부리 뒤로 마름모꼴의 어금니들이 줄지어 나 있다. 토로사우루스는 부리로 식물을 뜯은 후 어금니로 먹이를 잘게 썰어서 먹었다. 코 위에는 작은 뿔 하나가, 눈 위에는 길고 뾰족한 뿔 한 쌍이 솟아 있다. 이 뿔들은 주로 다른 토로사우루스와 힘겨루기를 할 때 쓰였다. 가끔은 티라노사우루스 같은 천적으로부터 몸을 보호할 때 쓰이기도 했다. 뒤통수에는 2미터쯤 되는 얇은 프릴이 있다. 부채 모양으로 뻗은 이 뼈에는 둥근 구멍 2개가 크게 뚫려 있다. 그리스어로 '구멍이 뚫린 도마뱀'이란 뜻의 이름은 이 구멍들 때문에 붙여졌다. 토로사우루스가 살아 있을 때 이 구멍들은 얇은 피부로 덮여 있었다. 일부 과학자들은 토로사우루스를 늙은 트리케라톱스로 여겼다. 하지만 2012년 여러 박물관의 수장고에서 옛날에 발견된 어린 토로사우루스의 화석들이 다시 확인되면서 토로사우루스가 그저 늙은 트리케라톱스라는 가설은 틀렸음이 밝혀졌다.

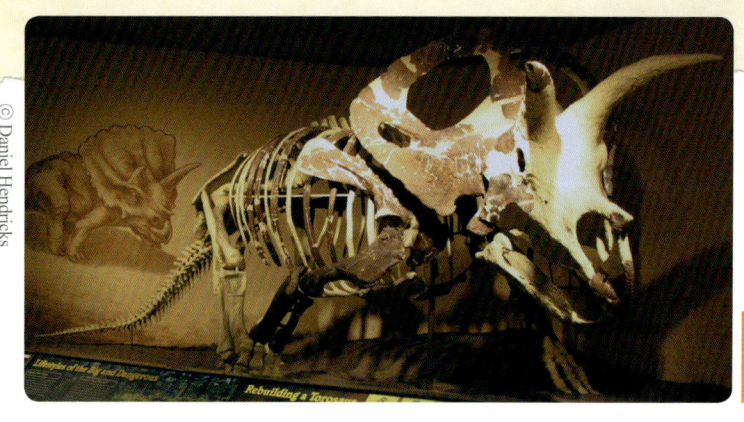

© Daniel Hendricks

미국의 밀위키 공립 박물관에 전시된, 토로사우루스의 전신 골격. 하얀색 부위는 다른 공룡을 참고해 복원한 것이다.

Torosaurus

트리케라톱스

이름 뜻: 세 개의 뿔이 달린 얼굴
분류: 조반류 〉각각류 〉주식두류 〉각룡류 〉케라톱스과
시대: 6800만 년 전 ~ 6600만 년 전, 백악기 후기 **분포**: 미국, 캐나다
몸길이: 9미터 **몸무게**: 7톤
식성: 초식성

주둥이 끝에 뼈와 각질로 이루어진 부리가 있다. 이 부리는 앵무새나 거북과 비슷하다. 주둥이 안에는 앞니는 없지만 부리 뒤로 작은 어금니들이 촘촘하게 나 있다. 트리케라톱스는 부리로 식물을 뜯은 후 어금니로 잘게 썰어서 먹었다. 코 위에는 작은 뿔 하나가, 눈 위에는 긴 뿔 한 쌍이 솟아 있다. 이 뿔들은 다른 트리케라톱스와 힘겨루기를 할 때 주로 쓰였다. 뿔을 서로 맞대고 힘겨루기를 하다가 얼굴에 상처를 입는 경우도 많았다. 50여 개의 트리케라톱스 머리뼈 중 5분의 1 정도에 다른 트리케라톱스의 뿔에 찔려서 생긴 상처가 있었다는 연구 결과도 있다. 하지만 같은 시기와 지역에 살았던 육식 공룡 티라노사우루스를 만났을 때는 이 뿔로 맞서 싸우기도 했다. 티라노사우루스에게 물려서 뿔이 부서진 채로 발견된 트리케라톱스 머리뼈도 있다. 뒤통수에는 다른 뿔공룡들과 달리 두꺼운 프릴이 부채 모양으로 뻗어 있다. 함께 살았던 또 다른 뿔공룡인 토로사우루스와 매우 유사하게 생겼지만, 프릴에 구멍이 뚫려 있지 않다는 점에서 토로사우루스와 쉽게 구분할 수 있다. 몸통은 코끼리처럼 크고 굵으며 꼬리는 짧다. 다리는 짧지만 튼튼하다. 트리케라톱스는 자라면서 눈 위의 뿔 모양이 바뀐다. 어릴 때는 뿔이 위쪽을 향하지만 자라면서 점점 앞으로 휜다.

Triceratops

티라노사우루스

이름 뜻: 폭군 도마뱀
분류: 수각류 〉테타누라류 〉코일루로사우루스류 〉티라노사우루스상과 〉티라노사우루스과
시대: 6800만 년 전 ~ 6600만 년 전, 백악기 후기 **분포**: 미국, 캐나다, 멕시코
몸길이: 12미터 **몸무게**: 9톤
식성: 육식성

길이가 약 1.5미터이며 옆에서 봤을 때 직사각형 모양인 커다란 머리를 가지고 있다. 특히 턱을 여닫는 근육들이 붙는 뒤통수 부위가 매우 넓어서 턱 근육이 크게 자랄 수 있었다. 주둥이에는 크고 굵은 이빨들이 가득하다. 가장 큰 이빨은 뿌리부터 끝까지의 길이가 30센티미터 정도나 된다. 티라노사우루스는 강력한 턱 근육과 굵은 이빨 덕분에 무는 힘이 5톤에 가까워 초식 공룡을 뼈째로 씹어 먹을 수 있었다. 티라노사우루스가 뼈까지 씹어 먹었다는 증거는 미국에서 발견되었다. 초식 공룡의 뼛조각들이 잔뜩 박혀 있는, 티라노사우루스의 똥 화석이 발견된 것이다. 목은 짧으며 몸통은 크고 굵다. 앞다리는 뒷다리에 비해 상당히 짧은데, 사람의 팔 길이와 비슷하다. 하지만 근육이 잘 발달해서 앞다리 하나로 200킬로그램, 그러니까 쌀 2가마니 정도는 거뜬히 들어 올릴 수 있었다. 어린 티라노사우루스는 다 자란 공룡과 달리 주둥이가 길쭉하고 뒷다리가 길며 날씬하다. 티라노사우루스는 10살쯤부터 몸무게가 급격하게 늘어 20살쯤 되면 다 자라서 주둥이와 뒷다리가 짧아지고 뚱뚱해진다.

미국의 카네기 자연사 박물관에 전시된, 티라노사우루스의 전신 골격.

파라사우롤로푸스

이름 뜻: 사우롤로푸스와 가까운 존재
분류: 조반류 〉각각류 〉조각류 〉이구아노돈류 〉안킬로폴렉시아류 〉하드로사우루스과
시대: 7650만 년 전 ~ 7300만 년 전, 백악기 후기 **분포**: 미국, 캐나다
몸길이: 10미터 **몸무게**: 2.5톤
식성: 초식성

옆에서 바라봤을 때 머리가 삼각형에 가깝다. 주둥이 끝에는 뼈와 각질로 된 넓적하고 둥근 부리가 있다. 뒤통수에는 길이가 1미터가 넘는 길쭉한 볏이 뒤로 뻗어 있는데, 이것이 파라사우롤로푸스의 가장 큰 특징이다. 이 볏은 사실 코뼈가 길어져서 뒤로 휘어진 것으로, 콧속 구멍도 볏을 따라 길게 휘어져 있다. 일부 과학자들은 파라사우롤로푸스가 물속에서 살면서 이 특이한 볏을 스노클처럼 이용해 숨을 쉬었을 것으로 추정했다. 이 볏을 잠수할 때 입에 무는 호흡 장치인 스노클처럼 쓰려면 볏 끝에 공기를 빨아들이는 구멍이 필요하다. 하지만 볏 끝에서는 그 어떠한 구멍도 발견되지 않았다. 어떤 과학자는 파라사우롤로푸스가 숲속의 나뭇가지를 헤쳐 나갈 때 이 볏을 이용했다고 여겼다. 하지만 지금은 이 볏이 소리를 내는 데 쓰였을 것으로 보고 있다. 마치 관악기처럼 말이다. 파라사우롤로푸스는 볏에서 아주 낮은 소리를 내 다른 파라사우롤로푸스와 의사소통을 했을 것이다. 또는 이 볏으로 노래를 불러서 이성을 유혹했는지도 모른다. 어릴 때는 볏이 너무 짧아서 마치 혹처럼 보인다. 파라사우롤로푸스는 강 주변의 범람원 지대에서 살았다. 머리에 볏이 있는 또 다른 하드로사우루스과 공룡인 사우롤로푸스와 비슷하게 생겨서 '사우롤로푸스와 가까운 관계'라는 뜻의 이름을 얻게 되었다.

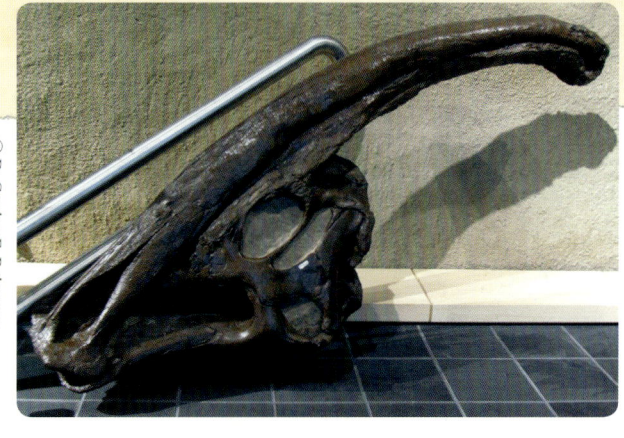

캐나다 자연사 박물관에 전시된, 파라사우롤로푸스의 머리뼈.

파키리노사우루스

이름 뜻: 두꺼운 코 도마뱀
분류: 조반류 〉 각각류 〉 주식두류 〉 각룡류 〉 케라톱스과
시대: 7350만 년 전 ~ 6900만 년 전, 백악기 후기 **분포:** 캐나다, 미국
몸길이: 8미터 **몸무게:** 3톤
식성: 초식성

다른 뿔공룡들과 마찬가지로 뼈와 각질로 된 부리를 가지고 있다. 앞니는 없고 어금니만 있다. 특이하게도 코와 눈 윗부분에 뿔 대신 뼈로 된 커다란 혹이 솟아 있다. 코 뿔이 있어야 할 자리에 솟아 있는 혹이 특히 크다. 그리스어로 '두꺼운 코 도마뱀'이란 뜻의 이름을 얻게 된 것은 바로 이 혹 때문이다. 몇몇 과학자들은 파키리노사우루스의 혹 위에 뾰족한 각질이 덮여 있었을 것이라고 여긴다. 하지만 혹 위에 그러한 구조가 있었는지를 확실하게 보여 주는 증거는 아직 발견된 적이 없다. 뿔 대신에 혹을 발달시켜 박치기로 힘겨루기를 했을 것이라고 보는 과학자들이 대부분이다. 이 혹은 천적인 거대한 육식 공룡으로부터 몸을 보호하는 데도 쓰였을 것이다. 뒤통수에 뻗어 있는 프릴에는 몸 안쪽으로 휘어진 짧은 뿔 한 쌍과 바깥쪽으로 휘어진 긴 뿔 한 쌍이 솟아 있다. 어린 공룡은 다 자란 공룡보다 혹이 작으며 프릴에 난 뿔의 크기도 작다. 파키리노사우루스는 따뜻하고 습한 강가, 범람원, 바닷가에서 식물을 뜯어 먹으며 살았다. 1980년대 캐나다에서는 3500마리가 넘는 파키리노사우루스 뼈 화석이 한곳에서 발견된 적이 있다. 그 화석들은 홍수에 불어난 강을 건너다가 떼죽음을 당한 공룡들의 잔해였다. 파키리노사우루스는 머리가 무거워서 헤엄 실력이 형편없었다.

덴마크의 코펜하겐 지질 박물관에 전시된, 파키리노사우루스의 머리뼈.

Pachyrhinosaurus

파키케팔로사우루스

이름 뜻: 두꺼운 머리 도마뱀

분류: 조반류 〉 각각류 〉 주식두류 〉 후두류

시대: 7000만 년 전 ~ 6600만 년 전, 백악기 후기 **분포:** 캐나다, 미국

몸길이: 4.5미터 **몸무게:** 450킬로그램

식성: 초식성

주둥이 끝에 부리가 발달해 있다. 아래턱은 아직 발견된 적이 없지만 다른 후두류 공룡들과 비슷하게 얇은 편이었을 것이다. 이빨은 중앙 부분이 솟아올라 있으며 양옆으로 큰 톱니가 발달해 있다. 파키케팔로사우루스의 가장 큰 특징은 바로 볼록하게 솟아오른 정수리다. 이 볼록한 정수리는 두께가 무려 25센티미터나 된다. 파키케팔로사우루스가 살아 있었을 때에는 정수리 위에 각질도 덮여 있어서 더 두꺼웠을 것이다. 파키케팔로사우루스는 이 돔 모양 머리를 이용해 다른 파키케팔로사우루스들과 박치기를 했다. 어쩌면 먹을 것이 많은 영역을 두고 싸울 때 박치기를 했는지도 모른다. 하지만 태어날 때부터 이 공룡의 정수리가 볼록하고 단단했던 것은 아니다. 어린 파키케팔로사우루스는 머리가 납작하며 뒤통수에 여러 개의 뿔이 솟아 있다. 자라나면서 정수리가 볼록해지고 다 자라고 나면 뒤통수에 난 뿔들이 둥근 혹으로 변한다. 다 자란 파키케팔로사우루스는 다른 파키케팔로사우루스의 머리 모양만 보고도 도움을 받아야 할 어린 공룡인지 아닌지를 쉽게 알아봤을 것이다.

미국 자연사 박물관에 전시된, 파키케팔로사우루스의 머리뼈.

펠레카니미무스

이름 뜻: 펠리컨을 닮음
분류: 수각류 〉 테타누라류 〉 코일루로사우루스류 〉 오르니토미모사우루스류
시대: 1억 3000만 년 전, 백악기 전기 **분포**: 에스파냐
몸길이: 2.5미터 **몸무게**: 20킬로그램
식성: 잡식성

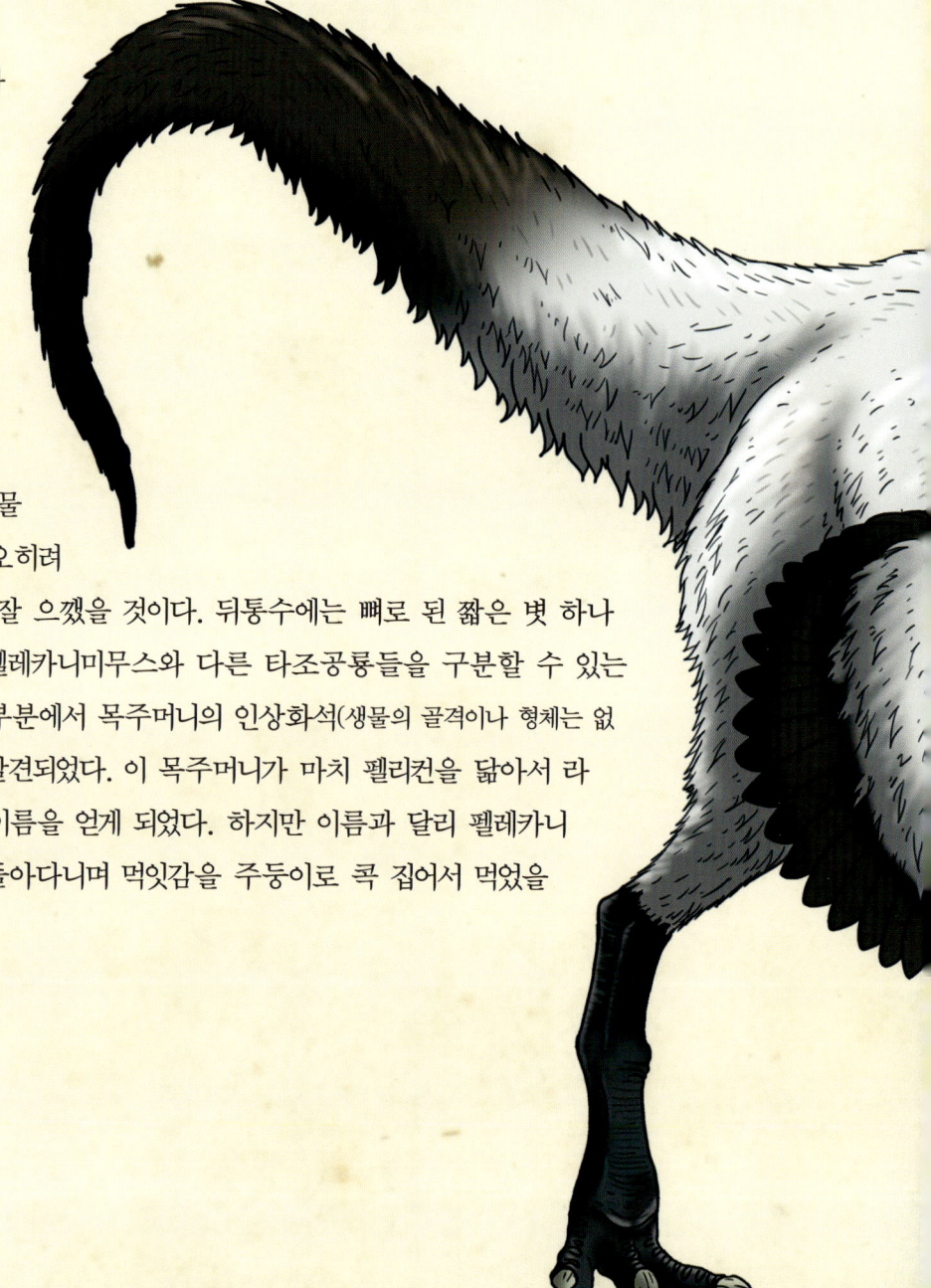

갈리미무스의 조상이 되는 원시 타조공룡이다. 이빨이 없는 다른 타조공룡과 달리 이 공룡은 이빨이 아주 많은 것이 특징이다. 지금까지 발견된 육식 공룡 중에서 가장 많은 이빨을 가지고 있다. 주둥이에 난 이빨을 모두 세어 보면 220개에 이른다. 하지만 이빨이 워낙 작아서 몸집이 큰 동물의 살점을 물어뜯지는 못했다. 오히려 작은 동물의 살점이나 씨앗 등을 잘 으깼을 것이다. 뒤통수에는 뼈로 된 짧은 볏 하나가 튀어나와 있는데, 이 볏 또한 펠레카니미무스와 다른 타조공룡들을 구분할 수 있는 특징이다. 아래턱과 목이 만나는 부분에서 목주머니의 인상화석(생물의 골격이나 형체는 없어지고 그 흔적만 남아 있는 화석)이 발견되었다. 이 목주머니가 마치 펠리컨을 닮아서 라틴어로 '펠리컨을 닮음'이란 뜻의 이름을 얻게 되었다. 하지만 이름과 달리 펠레카니미무스는 오히려 학처럼 물가를 돌아다니며 먹잇감을 주둥이로 콕 집어서 먹었을 것이다.

프레노케팔레

이름 뜻: 경사진 머리
분류: 조반류 〉 각각류 〉 주식두류 〉 후두류
시대: 8000만 년 전 ~ 7500만 년 전, 백악기 후기 **분포**: 몽골
몸길이: 2.4미터 **몸무게**: 45킬로그램
식성: 초식성

파키케팔로사우루스의 가까운 친척이다. 매우 짧은 주둥이 끝에 작고 좁다란 부리가 달려 있다. 주둥이 안에 있는 이빨도 매우 작다. 반면에 눈은 꽤 큰 편이다. 프레노케팔레의 가장 큰 특징은 바로 솟아오른 두꺼운 정수리다. 정수리 부위의 뼈 두께는 자그마치 20센티미터에 이른다. 다른 프레노케팔레와 다툴 때 이 두꺼운 정수리로 서로 박치기를 했다. 마치 오늘날의 산양처럼 말이다. 솟아오른 정수리 앞쪽을 보면 콧등이 약 45도로 기울어져 있다. 그리스어로 '경사진 머리'라는 뜻의 이름이 붙여진 이유다. 파키케팔로사우루스와 달리 정수리 주변에 나 있는 혹들이 상당히 작다. 소화가 잘 안 되는 질긴 식물을 많이 먹다 보니 위장이 길어져서 몸통이 굉장히 굵고 둥글다. 골반도 상당히 큰 편이라서 몇몇 과학자들은 프레노케팔레가 알이 아닌 새끼를 낳았을 것으로 추정하기도 했다. 하지만 지금은 긴 위장 때문에 골반도 커졌을 것으로 보고 있다.

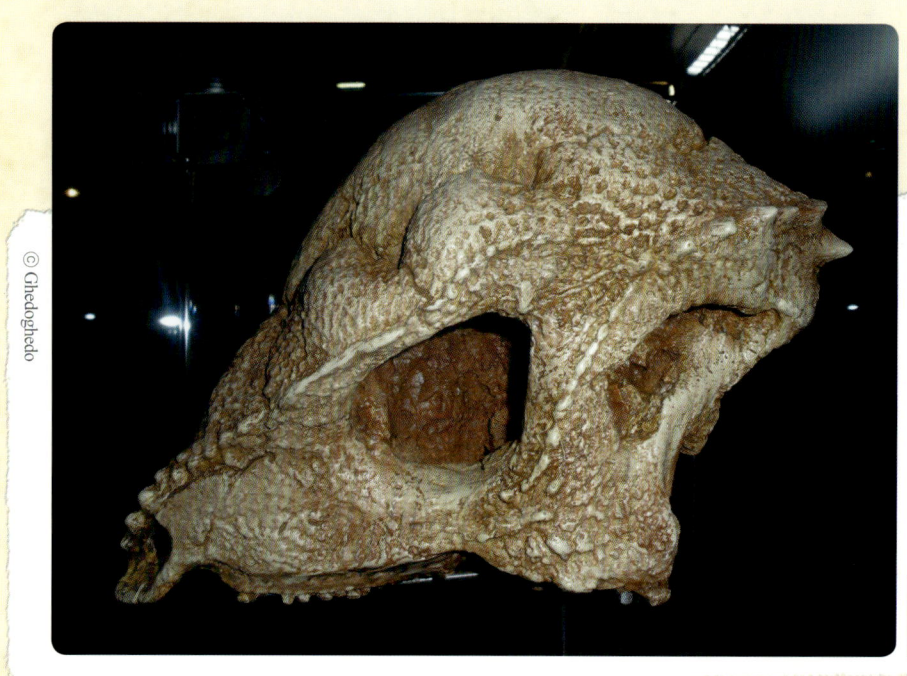

미국의 캘리포니아 과학 박물관에 전시된, 프레노케팔레의 머리뼈.

Prenocephale

프로토케라톱스

이름 뜻: 최초의 뿔이 달린 얼굴
분류: 조반류 〉각각류 〉주식두류 〉각룡류 〉프로토케라톱스과
시대: 7500만 년 전 ~ 7100만 년 전, 백악기 후기 **분포**: 몽골, 중국
몸길이: 1.8미터 **몸무게**: 180킬로그램
식성: 초식성

몸집이 작은 뿔공룡이다. 몸에 비해 머리가 크다. 주둥이 끝에는 뼈와 각질로 이루어진 부리가 있는데, 앵무새의 부리와 아주 닮았다. 주둥이 안에는 아주 작고 뾰족한 앞니가 위턱에 나 있고, 그 뒤로는 잘 발달한 어금니가 위턱과 아래턱에 나 있다. 콧등은 살짝 볼록해서 마치 코뿔을 연상시킨다. 뒤통수에 뻗어 있는 프릴은 위에서 바라봤을 때 삼각형 모양이며 두께가 상당히 얇다. 프릴에는 구멍이 한 쌍 있으며 프로토케라톱스가 살아 있었을 때는 얇은 피부로 덮여 있었을 것이다. 앞다리는 짧고 뒷다리는 길다. 꼬리의 윗부분은 볼록하게 솟아 있다. 2011년에는 둥지 화석에서 15마리의 새끼 프로토케라톱스 골격이 발견되기도 했는데, 이것을 통해 과학자들은 프로토케라톱스가 둥지에서 아주 잠깐 새끼를 길렀다는 사실을 알아낼 수 있었다. 1971년에 몽골에서 프로토케라톱스와 육식 공룡 벨로키랍토르의 화석이 뒤엉켜 있는 자세로 발견된 적이 있다. 두 공룡은 싸우다가 근처의 모래 언덕이 무너져 내리면서 함께 파묻힌 것으로 여겨진다. 이 놀랍고 진귀한 화석은 프로토케라톱스와 벨로키랍토르가 서로 천적임을 보여 주는 확실한 증거다.

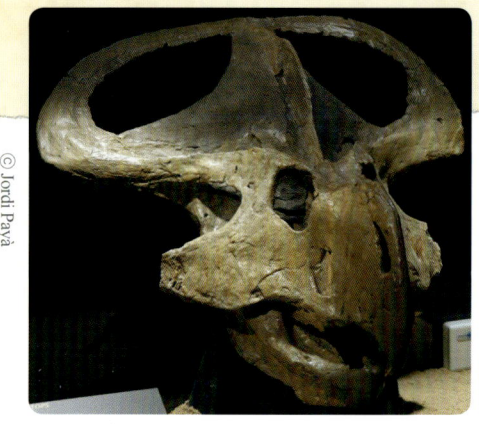

에스파냐 바르셀로나의 코스모카익사 과학 박물관에 전시된, 다 자란 프로토케라톱스의 머리뼈.

Protoceratops

프시타코사우루스

이름 뜻: 앵무새 도마뱀
분류: 조반류 〉 각각류 〉 주식두류 〉 각룡류 〉 프시타코사우루스과
시대: 1억 2600만 년 전 ~ 1억 100만 년 전, 백악기 전기 **분포**: 중국, 몽골, 러시아
몸길이: 1.5미터 **몸무게**: 15킬로그램
식성: 초식성

주둥이 끝에 뼈와 각질로 된 부리가 있다. 부리의 가장자리는 고르며 콧등은 높고 둥글다. 주둥이가 앵무새와 많이 비슷해서 그리스어로 '앵무새 도마뱀'이란 뜻의 이름을 얻게 되었다. 앞니는 없고 뭉툭한 조각칼처럼 생긴 어금니만 있다. 눈이 살짝 앞을 향하고 있으며 뺨은 뾰족하게 튀어나와 있다. 이 뾰족한 볼은 이성을 유혹하는 데 쓰였을 것이다. 평소에는 네 다리를 이용해 천천히 걸었지만 천적을 만났을 때는 뒷다리로만 뛸 수도 있었다. 앞다리는 짧고 발가락은 4개씩 달려 있다. 마지막 네번째 앞발가락은 퇴화해서 아주 짧다. 뒷다리는 길며 발가락이 4개씩 달려 있다. 조금 긴 꼬리 위로는 뻣뻣한 털처럼 생긴 원시 깃털들이 솟아 있다. 몸집에 비해 뇌가 커서 오늘날의 새와 유사한 지능을 가졌을 것으로 추정된다. 프시타코사우루스는 매우 질긴 식물들을 먹었다. 그래서 부리와 이빨로 먹이를 잘게 썰어 삼킨 다음에 배 속에 저장해 놓은 돌들로 갈아서 소화했다. 어떤 프시타코사우루스의 배 속에서는 50개 정도의 자갈이 발견된 적도 있다. 다양한 나이의 어린 프시타코사우루스들이 한꺼번에 발견되는 경우도 많다. 이 때문에 몇몇 과학자들은 어린 프시타코사우루스들이 형제자매끼리 서로 돌보며 살았을 것으로 보고 있다.

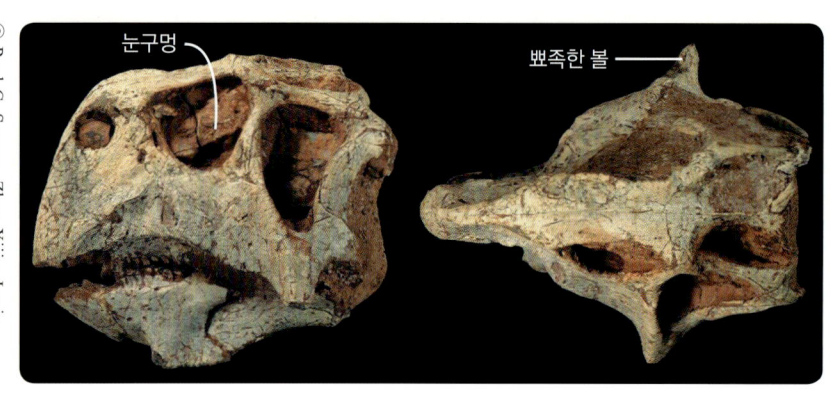

프시타코사우루스의 머리뼈. 왼쪽이 옆에서 바라본 모습, 오른쪽이 위에서 바라본 모습이다.

Psittacosaurus

플라테오사우루스

> **이름 뜻**: 폭넓은 도마뱀
> **분류**: 용각형류 〉플라테오사우루스과
> **시대**: 2억 1400만 년 전 ~ 2억 400만 년 전, 트라이아스기 후기 **분포**: 독일, 프랑스, 그린란드, 노르웨이, 스위스
> **몸길이**: 8.5미터 **몸무게**: 2톤
> **식성**: 초식성

거대한 목긴공룡들의 조상이 되는 공룡이다. 머리 모양은 직육면체에 가깝다. 주둥이에는 끝이 뾰족한 조각칼 모양의 이빨이 130개 정도 있다. 플라테오사우루스는 이 이빨로 식물의 잎사귀나 줄기 등을 뜯어서 대충 씹은 다음에 삼켰다. 이빨은 위쪽으로 갈수록 폭이 넓어진다. 이 때문에 그리스어로 '폭넓은 도마뱀'이란 뜻의 이름을 얻게 되었다. 목은 길고 유연하며 몸통은 굵고 통통하다. 앞다리는 긴 편이지만 앞발이 작다. 앞발가락은 5개씩 달려 있다. 첫 번째 앞발가락에는 큰 갈고리발톱이 있다. 플라테오사우루스는 이 발톱으로 땅속을 파헤쳐 식물의 뿌리를 캐 먹거나 육식 공룡과 싸웠을 것이다. 뒷다리는 앞다리보다 길며 뒷발가락은 4개씩 달려 있다. 꼬리는 몸길이의 절반 정도를 차지한다. 평소에는 네 다리를 이용해 천천히 걸어 다녔다. 하지만 천적을 만나면 뒷다리로만 서서 뛸 수 있었다. 뒷다리로 서서 높은 나무 위에 있는 잎사귀도 뜯어 먹을 수 있었다. 20세기 초에 독일에서 70마리의 플라테오사우루스 골격이 한곳에서 발견된 적이 있다. 이것을 통해 과학자들은 플라테오사우루스가 오늘날의 물소나 누처럼 무리를 지어 살았을 것으로 보고 있다. 한곳에 모여 화석이 된 플라테오사우루스들은 함께 이동하다가 실수로 깊은 진흙에 빠져 죽은 것으로 여겨진다.

Plateosaurus

피나코사우루스

이름 뜻: 널빤지 도마뱀
분류: 조반류 〉 장순류 〉 곡룡류 〉 안킬로사우루스과
시대: 8000만 년 전 ~ 7500만 년 전, 백악기 후기 **분포**: 몽골, 중국
몸길이: 5미터 **몸무게**: 1.9톤
식성: 초식성

몸에 비해 머리가 작다. 주둥이 끝에는 뼈와 각질로 이루어진 부리가 있다. 주둥이 안에는 앞니는 없지만 부리 뒤로 나뭇잎 모양의 작은 어금니들이 줄지어 나 있다. 코끝부터 콧등을 지나 정수리까지 크고 작은 골편들이 다닥다닥붙어 있다. 뺨과 눈 뒤쪽에도 골편이 한 쌍씩 뾰족하게 튀어나와 있다. 피나코사우루스는 특이하게도 콧속이 마치 미로처럼 복잡하게 꼬여 있다. 아마도 이 독특한 콧속을 이용해 낮은 소리를 내어 의사소통을 했을 것으로 추정된다. 목은 짧고 몸통은 납작하며 넓다. 다리는 짧고 꼬리는 길다. 목부터 시작해 등의 가장자리를 따라 짧고 뾰족한 골편들이 줄지어 나 있다. 목의 윗부분과 등에도 납작한 골편들이 줄지어 나 있다. 꼬리가 시작되는 부위는 유연하다. 하지만 꼬리 중간부터 끝까지는 뼈로 된 힘줄들이 있어서 뻣뻣하다. 꼬리 끝에는 골편 4개가 뭉쳐져서 만들어진 거대한 뼈 뭉치가 있다. 이 뼈 뭉치는 육식 공룡과 싸울 때도 썼겠지만 다른 피나코사우루스와 싸울 때 더 많이 썼을 것이다. 몽골에서는 6마리의 어린 피나코사우루스가 한곳에서 발견된 적이 있다. 이들은 아마도 어미와 함께 이동하다가 산 채로 모래 폭풍에 휩쓸려 파묻혔을 것이다. 다 자란 공룡과 달리 어린 피나코사우루스는 꼬리 끝에 뼈 뭉치가 없다.

Pinacosaurus

피아트니트즈키사우루스

이름 뜻: 피아트니트스키의 도마뱀
분류: 수각류 〉테타누라류 〉메갈로사우루스상과 〉피아트니트즈키사우루스과
시대: 1억 6600만 년 전 ~ 1억 6400만 년 전, 쥐라기 중기 **분포**: 아르헨티나
몸길이: 6미터 **몸무게**: 450킬로그램
식성: 육식성

현재까지 겨우 2마리만 발견된 공룡이다. 머리뼈 일부와 몸통의 모양만 알려졌다. 아마도 메갈로사우루스와 비슷하게 생긴 머리를 가졌을 것이다. 목은 짧으며 몸통은 길다. 다른 육식 공룡들처럼 앞다리가 뒷다리보다 짧다. 특이한 점이 있다면 다른 육식 공룡들에 비해 어깨뼈가 짧으면서도 넓은 편이다. 게다가 앞다리가 친척 공룡들에 비해서는 긴 편이다. 어쩌면 다른 친척 공룡들보다 앞다리를 많이 썼을지도 모른다. 고깃덩어리를 잡아서 입으로 들어 올리거나 또는 몸집이 큰 초식 공룡을 사냥할 때 썼을 수도 있다. 피아트니트즈키사우루스는 강과 호수 주변에서 살았다. 이 공룡의 화석이 나오는 화석지를 처음 발견한 사람은 아르헨티나의 과학자 알레한드로 피아트니트스키인데, 피아트니트즈키사우루스의 이름은 이 사람의 이름에서 따온 것이다.

아르헨티나의 에히디오 페루글리오 고생물학 박물관에 전시된, 피아트니트즈키사우루스의 전신 골격. 머리의 뒤통수, 손과 발, 그리고 꼬리는 다른 공룡을 참고해서 복원했다..

Piatnitzkysaurus

하드로사우루스

이름 뜻: 무거운 도마뱀
분류: 조반류 〉각각류 〉조각류 〉이구아노돈류 〉안킬로폴렉시아류 〉하드로사우루스과
시대: 7950만 년 전, 백악기 후기 **분포**: 미국
몸길이: 9미터 **몸무게**: 5톤
식성: 초식성

온전한 머리뼈가 발견된 적이 없다. 하지만 아마도 다른 하드로사우루스과 공룡들처럼 납작한 머리와 길쭉한 주둥이를 가지고 있었을 것이다. 이빨 모양은 마름모꼴이다. 앞다리는 길지만 뒤다리보다는 짧았다. 엄지에 해당하는 첫 번째 앞발가락은 퇴화했다. 두 번째부터 네 번째 앞발가락은 인대로 묶여 있다. 다섯 번째 앞발가락만 마치 손모아장갑의 엄지처럼 따로 놓여 있다. 그러니까 거꾸로 된 손모아장갑을 떠올리면 된다. 뒷다리는 길며 뒷발가락은 짧다. 평소에는 네 다리로 걸었지만 뛸 때는 뒷다리만으로도 잘 뛸 수 있었다. 물이 많은 지대에서 살았는데, 특히 범람원의 숲이나 늪 주위를 돌아다녔다. 하드로사우루스는 1858년에 처음 발견되었다. 미국에서 최초로 과학계에 보고한 공룡이다. 게다가 처음으로 골격이 조립되어 박물관에 전시된 공룡이기도 하다. 처음 복원된 하드로사우루스의 골격은 1868년에 공개가 되었는데, 이후로 해당 박물관의 관람객이 이전보다 2배나 늘었다고 한다. 그 뒤 공룡 골격을 조립해 박물관에 전시하는 것은 하나의 관습이 되었다.

미국의 드렉셀 대학교 자연사 박물관에 전시된, 하드로사우루스의 전신 골격. 머리뼈는 다른 공룡의 것을 참고해서 복원했다.

ⓒ Jim, the Photographer

Hadrosaurus

헤테로돈토사우루스

이름 뜻: 다른 이빨 도마뱀
분류: 조반류 〉헤테로돈토사우루스과
시대: 2억 년 전 ~ 1억 9000만 년 전, 쥐라기 전기 **분포**: 남아프리카 공화국
몸길이: 1.2미터 **몸무게**: 6킬로그램
식성: 초식성

머리뼈의 길이는 약 12센티미터로 옆에서 바라봤을 때 삼각형에 가깝다. 주둥이 끝에는 뼈와 각질로 이루어진 부리가 있다. 위턱의 부리에는 앞니가 있지만 아래턱의 부리에는 없다. 첫 번째와 두 번째 앞니는 작고 뭉툭하다. 반면에 세 번째 앞니는 길고 뾰족하다. 위턱에 난 어금니는 총 22개이고 모두 납작하며 바깥쪽에 주름이 있다. 아래턱의 첫 번째 어금니는 길고 뾰족한데, 헤테로돈토사우루스의 이빨 중에서 가장 길다. 위턱의 앞니와 어금니 사이에 아래턱의 첫 번째 어금니를 감싸서 보호하는 작은 공간도 있다. 나머지 아래턱 어금니들은 위턱에 난 어금니와 똑같이 생겼다. 이처럼 좁은 주둥이 속에 다양한 이빨이 있어서 그리스어로 '다른 이빨 도마뱀'이란 뜻의 이름을 얻게 되었다. 헤테로돈토사우루스는 어쩌면 길고 뾰족한 어금니로 다른 헤테로돈토사우루스와 싸우거나 천적을 물기도 했을 것이다. 헤테로돈토사우루스는 뒷발이 새와 아주 많이 닮았다. 그래서 몇몇 과학자들은 이 공룡이 새처럼 자주 나무 위에 앉거나 서 있었을 것으로 보고 있다.

헤테로돈토사우루스의 머리뼈. 다양한 형태의 이빨들을 관찰할 수 있다.

Heterodontosaurus

후아양고사우루스

이름 뜻: 화양의 도마뱀
분류: 조반류 〉 장순류 〉 검룡류 〉 후아양고사우루스과
시대: 1억 6500만 년 전, 쥐라기 중기 **분포**: 중국
몸길이: 4.5미터 **몸무게**: 850킬로그램
식성: 초식성

머리가 몸에 비해 상당히 작고 주둥이가 길다. 주둥이는 끝으로 갈수록 좁아진다. 주둥이 끝에는 뼈와 각질로 이루어진 부리가 있다. 이 부리 안에는 작은 앞니가 있다. 부리 안에 앞니가 있는 것은 원시 검룡류의 특징이다. 진화된 검룡류인 스테고사우루스는 앞니가 모두 퇴화하고 없다. 앞니 뒤로는 나뭇잎 모양의 이빨들이 나 있다. 하지만 후아양고사우루스는 먹이를 대충 씹고 삼켰다. 뒷다리보다 앞다리가 훨씬 짧은 스테고사우루스와 달리 후아양고사우루스의 앞다리는 뒷다리와 길이가 거의 비슷하다. 그래서 후아양고사우루스는 몸이 거의 수평을 이루고 있다. 어깨뼈 위로 큰 가시 한 쌍이 휘어져서 솟아 있다. 다른 검룡류처럼 목부터 꼬리까지 골판들이 2줄로 솟아 있다. 목부터 등의 중간까지는 무딘 골판들이 나 있다. 등의 중간부터 끝까지는 비교적 뾰족한 골판들이 나 있다. 꼬리에는 중간까지 다시 무딘 골판들이 나 있다. 꼬리 끝에는 뼈로 된 가시 2쌍이 솟아 있다. 이 가시는 육식 공룡을 무찌를 때 휘두를 수 있는 훌륭한 무기였다. 후아양고사우루스라는 이름은 이 공룡이 발견된 중국 쓰촨성의 옛날 지명인 '화양'에서 따온 것이다.

Huayangosaurus

힙실로포돈

> **이름 뜻**: 힙실로푸스의 이빨
> **분류**: 조반류 > 각각류 > 조각류
> **시대**: 1억 3000만 년 전 ~ 1억 2500만 년 전, 백악기 전기 **분포**: 영국, 프랑스, 루마니아
> **몸길이**: 2미터 **몸무게**: 24킬로그램
> **식성**: 초식성

옆에서 바라봤을 때 머리가 삼각형에 가깝다. 주둥이 끝에는 뾰족한 부리가 있다. 위턱의 부리에만 앞니가 솟아 있다. 어금니는 나뭇잎 모양이다. 눈은 상당히 커서 아마도 시력이 좋았을 것이다. 몸통은 길며 좁다랗다. 앞다리는 뒷다리에 비해 짧다. 앞발과 앞발가락은 작다. 뒷발가락은 길고 뒷발톱은 뾰족하다. 잘 발달한 다리로 빨리 달릴 수 있었다. 몇몇 갈비뼈의 가운데에서는 납작하고 판판한 뼈들이 자라서 갈비뼈에 포개어져 있다. 이 뼈들은 아마도 가슴을 감싸는 근육들이 붙어 있던 곳이었을 것이다. 힙실로포돈은 이 뼈들에 붙은 큰 근육들을 쥐어짜고 펴고를 반복하며 폐 속으로 신선한 공기를 보냈을 것이다. 그래서 빠른 속도로 오랜 시간 뛰어야 할 때 숨을 잘 쉴 수 있었을 것으로 판단된다. 오래전에 과학자들은 힙실로포돈이 새처럼 나무 위에서 살았을 것이라고 여겼다. 뒷발과 긴 꼬리가 나뭇가지를 움켜쥐기에 적합했다고 생각했기 때문이다. 하지만 힙실로포돈의 발이 나뭇가지를 움켜쥐기에 적합하지 않다는 연구 결과가 나오면서 지금은 힙실로포돈을 땅 위를 돌아다니던 동물로 보고 있다. 힙실로포돈의 꼬리 또한 뻣뻣해서 나무를 움켜 쥘 수 없다. 힙실로포돈이란 이름은 힙실로푸스의 이빨이란 뜻인데, 힙실로푸스는 이구아나의 옛날 이름이다. 힙실로포돈의 이빨이 이구아나와 비슷해서 이름이 이렇게 붙여졌다. 결국 힙실로포돈은 이구아노돈과 같은 이름을 가진 셈이다. 이구아노돈은 이구아나의 이빨이란 뜻이다.

백악기 대멸종 사건

'칙술루브 소행성'이 지구와 충돌하는 모습을 상상한 그림.

공룡은 첫 등장 이후 약 1억 5000만 년 동안 잘 살았다. 그런데 지금으로부터 약 6600만 년 전 무시무시한 사건이 발생했다. 식물을 뜯어 먹던 트리케라톱스, 늪 주변을 돌아다니던 에드몬토사우루스, 그리고 이들을 사냥하던 티라노사우루스까지 모두 사라져 버린 것이다. 공룡만이 아니라 하늘을 날던 익룡과 바다에서 살던 다양한 해양 파충류도 자취를 감추었다. 달팽이 모자를 쓴 낙지처럼 생긴 암모나이트도 모조리 바다에서 사라졌다. 도대체 무슨 일이 있었던 걸까?

백악기가 끝날 무렵, 우주에서 어마어마한 크기의 돌덩어리가 날아왔다. 과학자들은 이 거대한 돌덩어리를 '칙술루브 소행성'이라고 부른다. 이 소행성은 너비가 최대 15킬로미터 정도로 에베레스트산만 했는데, 날아가는 총알보다 20배는 빠른 속도인 시속 5만 6000킬로미터로 날아왔다. 그리고 지금의 멕시코 땅을 강타해 지름 150킬로미터, 깊이 20킬로미터의 커다란 구덩이를 남겼다. 이 구덩이를 우리는 '운석구'라고 부른다.

칙술루브 소행성이 지구로 떨어졌을 때 엄청난 폭발음이 일어나면서 많은 양의 에너지가 발생했다. 핵폭탄 3억 개가 한꺼번에 폭발하는 것과 맞먹을 정도로 엄청난 에너지였다. 충돌 지점의 온도는 태양 표면의 온도만큼이나 높아졌다. 이 엄청난 에너지 때문에 어마어마한 양의 돌과 먼지가 하늘로 솟아올랐는데, 에베레스트산 30개를 합한 것과 그 양이 비슷했다.

하늘로 날아간 돌과 먼지 중 일부는 우주로 날아가 버렸다. 하지만 1000억 개가 넘는 크고 작은 돌덩어리들이 불이 붙은 채 다시 땅으로 떨어졌다. 이 불붙은 돌덩어리들은 지구 곳곳에 떨어졌다. 그래서 전 세계 숲이 모조리 타 버렸다. 이때 나무들이 타면서 만들어진 숯은 오늘날에도 지구 곳곳의 지층에서 발견되고 있다. 전 세계의 숲에 불이 붙는 데는 1시간도 채 걸리지 않았다. 이 엄청난 불 때문에 숲에 살던 수많은 생물이 산 채로 타 죽었다.

소행성의 충돌로 큰불만 일어난 것은 아니다. 소행성이 충돌한 지점은 얕은 바다이기도 했기 때문에 해일도 일어났다. 이 해일의 높이는 최대 1킬로미터나 되었다. 이 거대한 해일은 금세 북아메리카와 유럽의 바닷가를 덮쳤다. 그리고 바닷가 주변에서 살던 생물들은 모조리 파도에 휩쓸려 죽고 말았다.

하지만 정작 백악기 생물들을 가장 많이 죽인 것은 불도 해일도 아니었다. 그것은 바로 하늘로 날아간 먼지였다. 먼지는 크기가 작고 가벼워서 다시 땅으로 떨어지는 데 오랜 시간이 걸린다. 충돌 때문에 솟아오른 먼지들은 하늘을 가득 채웠고 1년이 넘게 햇빛을 가렸다.

햇빛이 가려지자 살아가는 데 햇빛이 꼭 필요한 많은 식물이 죽기 시작했다. 식물이 많이 줄어들자 이것들을 뜯어 먹던 초식 동물들이 서서히 굶어 죽었다. 그리고 초식 동물을 잡아먹고 사는 육식 동물들도 굶어 죽기 시작했다. 이때 죽은 동물은 공룡만이 아니었다. 거북의 80퍼센트, 악어의 50퍼센트, 곤충의 40퍼센트가 이때 멸종했다. 익룡과 해양 파충류인 수장룡은 완전히 멸종했다. 놀랍게도 우리 포유류의 90퍼센트가 이때 멸종해 버렸다. 다행히도 10퍼센트가 살아남아서 지금의 코끼리, 고양이, 개, 고래, 사람으로 진화했다.

백악기 생물 종류의 60퍼센트가 이때 멸종했다. 여기에는 티라노사우루스나 트리케라톱스와 같은 멋진 공룡들도 포함된다. 거대한 용각류와 그 많던 조각류들도 전부 사라졌다. 하지만 모든 공룡이 이 백악기 대멸종 때 사라진 것은 아니다. 한 무리의 공룡은 운이 좋게도 살아남았다. 이 공룡 무리는 우리 주위에 항상 있었다. 하지만 우리는 이들이 공룡이라는 사실을 알아내는 데 꽤 오랜 시간이 걸렸다. 이들은 바로 새다.

공룡은 살아 있다?

새가 공룡의 한 무리라는 단서를 처음 찾은 사람은 19세기 영국의 과학자 리처드 오언이다. 그는 1843년에 새의 골반과 다리 구조가 다른 공룡과 매우 비슷하다는 사실을 알아냈다. 하지만 오언은 독실한 종교인이었다. 그래서 생물이 진화한다는 사실을 믿지 않았다. 그는 새와 공룡을 별개의 동물로 판단했고, 이 두 동물이 비슷한 이유는 신이 그렇게 창조했기 때문이라고 보았다.

새가 공룡의 한 무리일 수도 있다는 주장은 그 후 1870년대 말에 다시 등장했다. 당시 영국의 과학자 토머스 헉슬리는 새가 작은 육식 공룡으로부터 진화했다고 보았다. 헉슬리는 작은 육식 공룡인 콤프소그나투스와 최초의 새로 알려져 있던 시조새를 비교했다. 그는 이 두 동물의 골반과 다리 구조뿐만 아니라 전체 골격이 서로 비슷하다는 사실을 알아냈다. 그래서 새가 공룡의 한 무리로부터 진화했을 가능성이 크다고 주장했다.

새가 작은 육식 공룡으로부터 진화했다고 처음으로 주장한 과학자 토머스 헉슬리(1891년 사진).

하지만 얼마 지나지 않아 헉슬리의 주장은 다른 과학자들의 공격을 받았다. 몇몇 과학자들은 작은 육식 공룡들이 새와 골격이 비슷했던 이유는 단지 공룡과 새가 비슷하게 두 다리로 생활했기 때문이라고 주장했다. 게다가 19세기 후반부터 20세기 초반 사이에 발견된 공룡은 대부분 몸집이 큰 용각류나 검룡류, 각룡류였다. 이 공룡들은 전혀 새처럼 생기지 않았다. 그래서 많은 과학자들이 헉슬리의 가설을 무시했다.

그런데 1969년에 육식 공룡 데이노니쿠스의 화석이 과학계에 보고되면서 모든 게 뒤바뀌었다. 데이노니쿠스를 연구한 사람은 미국의 과학자 존 오스트롬이었다. 오스트롬은 데이노니쿠스의 손목이 새와 상당히 비슷하다는 사실을 알아냈다. 새의 앞발목뼈는 반달 모양인데, 새는 이 특수한 앞발목뼈를 이용해 날개를 옆으로 접을 수 있다. 그런데 놀랍게도 데이노니쿠스도 반달 모양의 앞발목뼈를 가지고 있어서

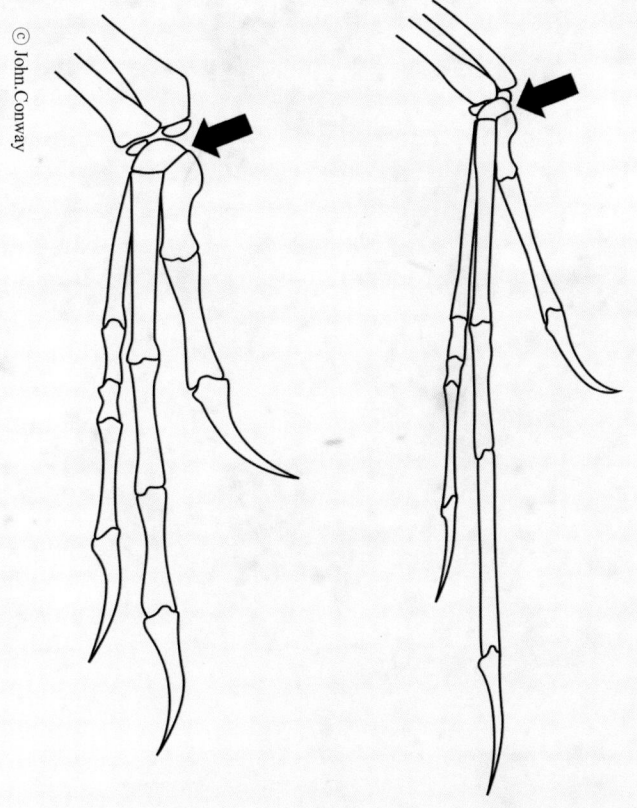

데이노니쿠스(왼쪽)와 시조새(오른쪽)의 오른쪽 앞발을 비교한 그림. 화살표로 표시된 것은 반달 모양의 앞발목뼈다.

앞발을 옆으로 접을 수 있었다. 이 사실을 통해 오스트롬은 '헉슬리의 주장대로 작은 육식 공룡이 정말로 새와 가까운 사이이지 않을까?'라고 생각했다.

데이노니쿠스의 발견 이후 반달 모양의 앞발목뼈를 가진 육식 공룡 화석들이 세계 곳곳에서 발견되었다. 그래서 존 오스트롬의 후배 과학자인 자크 고티에르는 1986년에 반달 모양 앞발목뼈를 가진 새와 데이노니쿠스와 다른 수많은 공룡을 묶어서 '마니랍토라류'라는 새로운 공룡 무리를 정의했다. '마니랍토라'는 라틴어로 '손 약탈자'라는 뜻이다.

지금은 더 많은 마니랍토라류 공룡의 화석들이 발견된 상황이다. 그래서 공룡을 연구하는 모든 과학자들은 헉슬리의 주장을 완전히 받아들였다. 게다가 비교적 최근부터 깃털 흔적이 보존된 공룡의 화석들이 발견되면서 '새가 공룡의 한 무리'라는 것은 기정사실이 되었다.

정리하면 오늘날의 모든 새는 데이노니쿠스와 같은 공룡들과 함께 '마니랍토라류'에 속한다. 그리고 마니랍토라류는 공룡에 속하는 한 무리다. 따라서 새는 공룡에 속한다. 새는 오늘날까지 살아남아 있다. 결국 공룡은 멸종하지 않았다!

지금도 공룡의 시대

오늘날 살아 있는 공룡 중에는 사라진 공룡들만큼이나 놀랍고 경이로운 것들이 많다.

바늘꼬리칼새는 몸길이가 20센티미터, 날개 너비가 50센티미터 정도인 공룡이다. 이들은 여름에 우리나라와 일본과 중국에서 머물며, 겨울에는 남반구로 날아가 오스트레일리아에서 지낸다. 주로 절벽이 있는 숲이나 농경지 주위에서 곤충을 잡아먹으며 산다. 바늘꼬리칼새는 지금까지 알려진 공룡 중에서 가장 빠른 종류로, 시속 170킬로미터로 하늘을 날 수 있다.

가장 높게 날 수 있는 공룡은 검은목두루미다. 이들은 10킬로미터 높이의 하늘에서 날기도 하는데, 어떤 검은목두루미 무리는 북쪽의 추위를 피하려고 겨울이 오기 전에 에베레스트산을 넘어서 인도로 간다고 한다. 이들은 아프리카, 유럽, 아시아에 서식하며, 몸길이가 약 120센티미터, 날개 너비가 최대 240센티미터까지 자란다.

꿀벌벌새는 공룡 중에서 몸집이 가장 작다. 몸길이가 5센티미터 정도이며, 놀랍게도 몸무게는 겨우 1.6그램이다. 그러니까 초밥 한 점이 꿀벌벌새 12마리를 합한 것과 무게가 비슷하다. 이 새는 몸집은 작아도 굉장히 부지런하다. 하루에 1500개의 꽃을 찾아다니며 꿀을 빨아 먹는다. 그리고 1초에 날갯짓을 50번이나 하며, 비가 와서 몸이 젖었을 때는 1초에 55번이나 몸을 털어서 말릴 수 있는 놀라운 능력이 있다. 꿀벌벌새는 쿠바의 섬들에서만 볼 수 있다.

잠수를 가장 깊게 하는 공룡은 황제펭귄이다. 이들은 물고기를 잡기 위해 약 500미터 깊이의 바닷속으로 들어가기도 한다. 황제펭귄은 하늘을 날지 못하며 추운 남극의 눈밭 위에서 생활한다. 사는 곳이 너무 추워서 이들은 둥지를 만드는 대신에 발 위에 있는 주머니에 알을 넣어서 품는다. 알을 품는 일은 수컷의 몫이다. 황제펭귄의 키는 122센티미터이고, 몸무게는 최대 45킬로그램까지 나간다.

가장 영리한 공룡도 오늘날 살아 있다. 바로 까마귀다. 일본의 도시에서 사는 까마귀들은 단단한 호두를 깨 먹기 위해 차가 다니는 도로 위에 호두를 올려놓는다. 영국에서는 입구가 좁은 물병에 담긴 물을 마시기 위해 물병 속에 조약돌을 여러 개 넣어 물을 마시는 까마귀가 관찰되기도 했다. 까마귀의 지능이 침팬지와 비슷하다고 주장하는 사람도 있다. 까마귀는 몸길이가 63센티미터, 날개 폭이 최대 1미터까지 자란다.

현재 지구에서 가장 많이 존재하고 있는 공룡은 닭이다. 인류가 농장에서 키우고 있는 닭의 수는 2000억 마리가 넘는다. 76억 명 정도 되는 전 세계 인구수보다도 훨씬 많은 숫자다. 우리는 닭을 거의 날마다 즐겨 먹고 있는데, 1년에 우리나라 사람들이 먹는 닭은 약 9억 6000마리, 달걀은 약 140억 개다.

결국 공룡은 우리의 중요한 먹거리이기도 하다.

지금까지 알려진 새의 종류는 거의 1만 종류다. 사람을 포함한 포유류는 겨우 5400종류 정도다. 공룡이 2배나 더 종류가 많다. 그래서 사실 지금을 '포유류 시대'라고 부르는 것보다는 오히려 '공룡 시대'라고 부르는 것이 더 적합하다.

하지만 지금 공룡 시대는 다시 위기를 맞고 있다. 우리가 생활하면서 무심결에 버리는 많은 쓰레기와 여러 오염 물질 때문에 새들의 서식지가 파괴되고 있다. 그래서 새의 수도 빠른 속도로 줄어들고 있다. 새들이 우리 때문에 멸종하지 않기 위해서 우리는 자연을 더 아끼고 사랑하고 보호해야 한다. 결국, 공룡의 미래는 우리 손에 달려 있다.

1. 하늘을 날고 있는 바늘꼬리칼새의 모습.
2. 물가를 걷고 있는 검은목두루미의 모습.
3. 빠르게 날갯짓을 하고 있는 꿀벌벌새.
4. 쉬고 있는 까마귀의 모습.
5. 닭장 안에 갇혀 있는 닭의 모습. 오래전에 포유류는 공룡의 먹잇감이었지만, 지금은 그 반대가 되어 버렸다.
6. 새끼를 돌보고 있는 황제펭귄 부부의 모습.

공룡 화석은 어떻게 연구할까?

비록 새는 살아 있지만, 티라노사우루스나 트리케라톱스와 같은 멸종한 공룡을 연구하기 위해서는 화석을 찾아야 한다. 하지만 아무 땅이나 파헤친다고 이들의 화석이 발견되는 것은 아니다. 최초의 공룡이 약 2억 3300만 년 전에 등장했기 때문에 적어도 이때보다 늦게 만들어진 지층을 찾아야 한다. 물론 이 시기보다 오래된 지층에서도 생물의 화석은 나오지만 공룡의 화석은 전혀 없다.

또한 공룡을 비롯한 다른 생물의 화석을 찾기 위해서는 지층뿐만 아니라 지층을 구성하는 돌의 종류도 알맞아야 한다. 화석은 주로 진흙 또는 모래가 굳어서 만들어진 돌, 즉 퇴적암에서 발견된다. 이러한 퇴적암은 주로 강이나 호수 주변에서 만들어진다. 반면에 화산 폭발로 인해 쌓인 용암층이나 지하에서 올라온 마그마가 식어서 만들어진 지층 속에서는 아무 화석도 발견되지 않는다. 용암이나 마그마는 워낙 뜨거워서 생물의 사체가 재가 되어 버리기 때문이다.

시대와 돌의 종류가 알맞은 지층을 찾은 후 과학자들은 지층 주위를 샅샅이 뒤진다. 무너져 내린 절벽이나 솟아오른 언덕 주위에서 주로 화석을 쉽게 찾을 수 있다. 이런 곳에는 뼛조각이나 이빨 화석 등이 튀어나온 채로 있기도 하다.

고비 사막의 백악기 지층에서 발견된 육식 공룡의 이빨 화석. 더 큰 뼈 화석을 찾을 수 있는 중요한 실마리다.

공룡 화석을 찾은 다음에 과학자들은 삽과 곡괭이부터 치과 의사들이 사용하는 작은 이빨 긁개까지 다양한 도구들을 써서 화석 주위의 돌들을 깨부순다. 화석은 단단하게 변해 버린 생물의 흔적이지만 약한 충격에도 쉽게 부서질 수가 있다. 그래서 화석 발굴은 신중하고 조심스러워야 한다. 하지만 화석을 둘러싸고 있는 돌이 너무 단단할 때는 어쩔 수 없이 망치와 정, 드릴을 이용하기도 한다.

지층 속에서 공룡의 위앞다리뼈를 조심스럽게 발굴하고 있는 과학자.

발굴을 거의 마친 공룡의 위앞다리뼈.

땅속에서 꺼내진 화석은 연구소로 옮겨진다. 하지만 이 과정에서 화석이 부서질 수도 있다. 그래서 과학자들은 화석을 석고 붕대로 포장한다. 마치 병원에서 뼈가 부러진 환자에게 하는 것처럼 말이다. 화석이 무사히 연구소로 도착하면 석고 붕대를 풀고 소형 드릴을 이용해 아직 붙어 있는 돌들을 제거하는 작업을 거치게 된다. 이때 몸집이 큰 공룡의 화석일수록 화석처리 작업이 오래 걸린다. 어떤 거대한 목긴공룡의 어깨뼈 하나를 깨끗하게 청소하는 데 무려 160시간이 걸렸다는 기록도 있다.

거대한 용각류의 골반 일부를 석고 붕대로 포장한 모습.

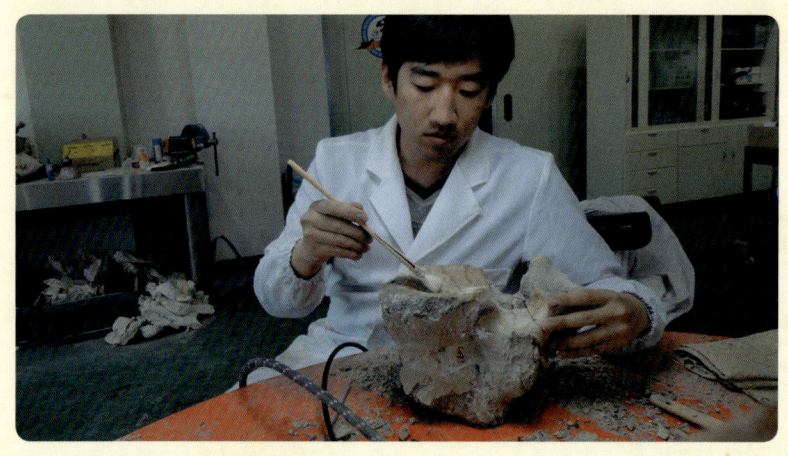

고비 사막에서 발견된 데이노케이루스의 꼬리뼈를 깔끔하게 청소하고 있는 글쓴이의 모습.

 공룡 화석이 깔끔하게 청소되면 과학자는 이때부터 본격적으로 연구를 시작한다. 우선 이 공룡을 지금까지 발견된 다른 공룡들과 비교한다. 그러고는 다른 공룡들과 모습이 어떻게 다른지를 조사한다. 기존의 공룡들과 모습이 다르면 새로운 종류다. 그리고 과학자는 이 새로운 공룡에게 새롭고 멋진 이름을 지어 줄 기회를 얻는다. 물론 이름 짓기에 소질이 없는 과학자 때문에 길고 어려운 공룡 이름이 탄생하는 경우도 많다.

 요즘은 병원에서 사용하는 컴퓨터 단층 촬영 기기를 이용해 공룡의 머리뼈 속을 연구하는 과학자들도 있다. 이러한 연구를 통해 우리는 공룡 머리뼈 속에 있는 여러 공기주머니의 구조뿐만 아니라 뇌의 모양까지 알아낼 수 있다. 뇌의 모양을 알면 후각이나 시각이 발달했는지 아닌지도 알아낼 수 있다.

지층의 나이를 알 수 있는 방법

과학자들은 2가지 방법으로 지층의 나이를 알 수 있다. 첫 번째는 화산 분출물로 만들어진 지층 속에 들어 있는 특정한 방사성 원소를 분석하는 방법이다. 이 방사성 원소는 시간이 지나면서 다른 원소로 바뀌는데, 남아 있는 방사성 원소를 측정하면 지층이 만들어지고 나서 얼마나 시간이 흘렀는지를 추론할 수 있다.

두 번째는 지층 속에서 발견되는 화석을 통해 추정하는 방법이다. 예를 들어 거미와 전갈의 머나먼 친척인 삼엽충이란 동물의 화석이 지층에서 발견되었다면, 이 지층은 적어도 2억 5100만 년 전에 생긴 것이다. 삼엽충은 트라이아스기가 시작되기 전에 멸종했기 때문이다. 반면에 칼리코케라스라고 하는 암모나이트 종류의 화석이 지층에서 발견되었다면 이 지층은 최대 1억 년 전에 만들어진 것이다. 칼리코케라스는 백악기 후기가 시작될 무렵에 처음 등장하기 때문이다.

백악기 후기의 대표적인 화석인 칼리코케라스의 껍데기 화석. 암모나이트의 한 종류다.

공룡 화석을 볼 수 있는 우리나라 박물관

1. 서대문 자연사 박물관

서울에 있는 유일한 공립 자연사 박물관이다. 중앙 홀에는 아크로칸토사우루스의 전신 골격이 있으며, 박물관 2층 '생명진화관'에는 티라노사우루스의 머리뼈, 파키케팔로사우루스 골격, 트리케라톱스의 머리뼈와 전신 골격, 에드몬토사우루스의 머리뼈, 벨로키랍토르의 전신 골격이 있다. 공룡 말고도 작은 원시 말인 메소히푸스와 수장룡인 엘라스모사우루스, 그리고 매머드 화석도 구경할 수 있다.

주소: 서울시 서대문구 연희로32길 51 서대문 자연사 박물관
전화번호: 02-330-8899, 8882
관람 시간: 평일 9:00~18:00, 주말 9:00~19:00
 (11월부터 2월까지는 1시간씩 일찍 닫음. 매주 월요일, 1월 1일, 설날, 추석 당일 등 휴관)
관람료: 어른 6000원, 청소년·군인 3000원, 어린이 2000원
홈페이지: https://namu.sdm.go.kr/

서대문 자연사 박물관의 중앙 홀에 서 있는 거대한 아크로칸토사우루스의 전신 골격.

2. 국립 과천 과학관

2층의 '자연사관'에 에드몬토사우루스, 스테고사우루스, 고르고사우루스의 전신 골격이 서 있다. 티라노사우루스와 트리케라톱스의 머리뼈도 전시되어 있다. 우리나라에서 발견된 파르크소사우루스과 공룡인 코레아노사우루스의 화석도 볼 수 있다. 공룡 말고도 다양한 화석들이 있는데, 전시관에 들어가는 입구에 있는 4미터 길이의 종려나무 잎 화석을 보면 입이 떡 벌어질 것이다.

주소: 경기도 과천시 상하벌로 110 국립 과천 과학관
전화번호: 02-3677-1500
관람 시간: 9:00~17:30(매주 월요일, 1월 1일, 설날, 추석 당일 휴관)
관람료: 어른 4000원, 청소년·어린이 2000원(7세 미만은 무료)
홈페이지: https://www.sciencecenter.go.kr/

국립 과천 과학관 '자연사관' 전시관에 있는 스테고사우루스의 골격.

3. 지질 박물관

한국지질자원연구원 소속의 박물관이다. 중앙 홀에는 티라노사우루스, 에드몬토니아, 프시타코사우루스, 알로사우루스, 스테고사우루스의 전신 골격이 있다. 스테고사우루스는 미국의 화석지에서 발견된 모습 그대로인 누워 있는 자세로 전시되어 있다. 트리케라톱스, 파키케팔로사우루스, 기가노토사우루스와 카르카로돈토사우루스의 머리뼈도 함께 구경할 수 있다. 1층의 제1전시관에는 콤프소그나투스와 오비랍토로사우루스류인 카우딥테릭스, 아르카이옵테릭스, 드로마이오사우루스, 그리고 하드로사우루스류인 마이아사우라의 전신 골격이 있다.

주소: 대전광역시 유성구 과학로 124 한국지질자원연구원 지질 박물관
전화번호: 042-868-3798
관람 시간: 10:00~17:00(매주 월요일, 1월 1일, 설날, 추석 연휴 등 휴관)
관람료: 무료
홈페이지: http://museum.kigam.re.kr/

지질 박물관의 중앙 홀에 전시된 곡룡류 에드몬토니아(앞쪽)와 티라노사우루스(뒤쪽)의 전신 골격.

4. 국립 중앙 과학관

이곳의 모든 공룡 화석은 1층 '자연사관'에 전시되어 있다. 중앙 홀에는 트리케라톱스, 타르보사우루스, 알로사우루스의 전신 골격이 있다. 우리나라에서 보고된 공룡인 코레아케라톱스와 코레아노사우루스의 화석도 볼 수 있다. 수직으로 세워진 모습으로 전시되어 있는 우리나라의 공룡 발자국 화석이 인상적이다. 우리나라에서 발견된 다양한 식물, 곤충, 어류 화석 등도 볼 수 있다.

주소: 대전광역시 유성구 대덕대로 481 국립 중앙 과학관
전화번호: 042-601-7894~6
관람 시간: 9:30~17:30(매주 월요일, 1월 1일, 설날, 추석 당일 휴관)
관람료: 무료
홈페이지: http://www.science.go.kr/

국립 중앙 과학관의 '자연사관' 입구에 전시된 트리케라톱스의 전신 골격.

5. 목포 자연사 박물관

중앙 홀에 알로사우루스의 전신 골격이 있다. 우리나라에서 유일하게 디플로도쿠스의 전신 골격이 전시되어 있는 곳이기도 하다. 트리케라톱스, 드로마이오사우루스, 코일로피시스 등의 공룡 화석들도 확인할 수 있다. 박물관의 입구에는 2009년 전라남도 신안군 압해도에서 발견된 육식 공룡의 둥지 화석도 전시되어 있다. 이 둥지의 지름은 2미터 정도이며, 둥지 속의 알은 길이가 40센티미터 정도로 우리나라에서 발견된 공룡 알 화석 중에서 가장 크다. 이 둥지 화석은 천연기념물 제535호로 지정되어 있다.

주소: 전라남도 목포시 남농로 135 목포 자연사 박물관
전화번호: 061-274-3655
관람 시간: 9:00~18:00(매주 월요일, 1월 1일 등 휴관)
관람료: 어른 3000원, 청소년·군인 2000원, 초등학생 1000원, 유치원생 500원
홈페이지: http://museum.mokpo.go.kr/

목포 자연사 박물관의 중앙 홀에 전시된 다양한 공룡과 해양 파충류의 전신 골격.

6. 해남 공룡 박물관

우리나라에서 가장 많은 공룡 골격을 전시하고 있다. 지하 1층의 '공룡실'에서는 유리 전시관에 별도로 전시되어 있는 알로사우루스의 골격을 볼 수 있다. 아시아에서 처음으로 전시되는 진품 화석이다. 이 박물관은 공룡 발자국 화석 산지에 지어져 있어서 박물관을 구경한 후 주변 화석지를 구경하는 것도 의미 있을 것이다.

주소: 전라남도 해남군 황산면 공룡박물관길 234
전화번호: 061-530-5324
관람 시간: 9:00~18:00(매주 월요일 휴관, 7·8월은 매일 개관)
관람료: 어른 4000원, 청소년 3000원, 어린이 2000원
홈페이지: http://uhangridinopia.haenam.go.kr/

해남 공룡 박물관에 전시된 용각류 조바리아. 이곳에 있는 공룡 중에서 가장 몸집이 크다.

7. 고성 공룡 박물관

해남 공룡 박물관과 마찬가지로 공룡 발자국 화석 산지에 지어졌다. 중앙 홀에는 중국에서 발견된 희귀한 용각류인 클라멜리사우루스와 모놀로포사우루스의 전신 골격이 있다. 이외에도 중앙 홀에서는 프로토케라톱스와 오비랍토르과 공룡의 화석이 전시되어 있다. 마멘키사우루스의 다리뼈 앞에서 사진을 찍을 수 있는 구역도 있다. 전시실에는 티라노사우루스와 슈노사우루스의 전신 골격, 트리케라톱스의 머리뼈, 이구아노돈의 앞발 등 다양한 공룡 화석이 전시되어 있다.

주소: 경상남도 고성군 하이면 자란만로 618 고성 공룡 박물관

전화번호: 055-670-4451

관람 시간: 9:00~18:00 (11월~2월에는 1시간 일찍 닫음. 매주 월요일, 1월 1일 등 휴관)

관람료: 어른 3000원, 청소년·군인 2000원, 어린이 1500원

홈페이지: https://museum.goseong.go.kr/

고성 공룡 박물관에 전시된 검룡류 투오지앙고사우루스의 전신 골격.

8. 우석헌 자연사 박물관

2003년에 문을 연 개인 박물관이다. 둥근 모양의 초식 공룡 알부터 타원 모양의 작은 육식 공룡 알까지 다양한 공룡알 화석이 전시되어 있다. 우리나라에서는 가장 다양한 공룡 알 화석을 볼 수 있는 곳이다. 모놀로포사우루스의 전신 골격도 전시되어 있다. 야외 전시장에는 다양한 공룡 모형들이 서 있다.

주소: 경기도 남양주시 진접읍 금강로 1095 우석헌 자연사 박물관
전화번호: 031-572-9555
관람 시간: 10:00~19:00 (매주 일요일과 월요일 등 휴관)
관람료: 어른 5000원, 어린이 3000원(36개월 미만의 유아 무료, 단체 관람 시 미적용)
홈페이지: http://www.geomuseum.org/

우석헌 자연사 박물관의 모습.

9. 계룡산 자연사 박물관

2004년에 문을 연 개인 박물관이다. 중앙 홀에는 브라키오사우루스의 전신 골격이 전시되어 있다. 브라키오사우루스 주위로는 알로사우루스와 프시타코사우루스의 전신 골격도 있다. 공룡 이외에도 전시관에서는 매머드, 동굴곰, 동굴사자와 같이 마지막 빙하기 때 살았던 동물들의 화석도 구경할 수 있다.

주소: 충청남도 공주시 반포면 임금봉길 49-25 계룡산 자연사 박물관
전화번호: 042-824-4055
관람 시간: 10:00~18:00 (매주 월요일 휴관, 12월 1일~2월 15일은 월요일과 화요일 휴관)
관람료: 어른 9000원, 초 · 중 · 고 학생 6000원, 24개월 이상 유아 4000원
홈페이지: http://www.krnamu.or.kr/

계룡산 자연사 박물관의 모습.

글쓴이의 말

지금으로부터 거의 20년 전인 초등학교 4학년 때, 공책과 연필만을 이용해 책을 만든 적이 있다. 제목은 「공룡 대백과」. 손때가 많이 타서 마치 인사동 골목에서 파는 어느 한 고서적의 느낌이 나는 그런 책이었다. 정말 잘 만든 책이었다고 당시에는 자부했다. 하지만 지금 와서 생각해 보면, 어린아이였던 내가 공룡에 대해 알았다면 과연 얼마나 알았을까. 분명 틀린 내용도 많았을 것이다. 엉터리 공룡 그림은 더욱 말할 것도 없고.

지금은 이 책이 어디에 있는지도 잘 모르겠다. 하지만 「공룡 대백과」에 대한 나의 기억은 특별하다. 왜냐하면 이 기억 덕분에 내가 어릴 때 공룡을 얼마나 사랑했는지, 그리고 얼마나 공룡 도감을 쓰고 싶어 했는지 알 수 있기 때문이다. 도감을 쓰고 싶어 한 나의 어릴 적 꿈은 2017년 가을이 돼서야 이루어졌다. 그리고 약 1년의 산통 끝에 『신비한 공룡 사전』이 세상 밖으로 나오게 됐다. 정말 뿌듯하다.

나는 이번 도감을 쓰면서 최대한 최근 연구 결과들을 많이 담기 위해 노력했다. 최신 연구 결과에 따르면 많은 공룡은 깃털로 덮여 있다. 공룡은 활동적인 동물이며, 어른 공룡은 새끼들을 정성껏 키운다. 하지만 일반 대중의 머릿속에서 이들은 아직도 꼬리를 땅에 끌고 다니는 미련한 짐승이다. 20세기 초와 그리 다르지 않다. 서점에 놓여 있는 수많은 어린이용 공룡 도감들은 더 가관이다. 독자를 잡아먹기 위해 앞으로 달려 나오는 책 속의 공룡들로 가득하다. 실제로 살았던 동물보다는 피에 목마른 괴수 같다.

나는 『신비한 공룡 사전』에 공룡의 진짜 공룡다운 모습을 담기 위해 노력했다. 평화롭게 낮잠을 자는 딜로포사우루스, 새끼들을 돌보느라 피곤해 하는 알로사우루스, 그리고 모래 목욕을 즐기는 플라테오사우루스. 이 책에서만 볼 수 있는 공룡의 모습이지 않을까 싶다. 공룡의 피부색도 단순한 회색 혹은 지루한 초록 단색이 아니다. 오늘날 사는 수많은 새처럼 이 도감 속 공룡들은 화려하고 아름답다. 우리나라에서 나온 공룡 책 중 가장 아름답다고 자부한다.

물론 이 책은 나 혼자만의 결과물이 아니다. 도감 속 공룡들에게 숨을 불어넣어 준 것은 이준성 작가다. 그가 아니었으면 이 도감은 없다. 큰 빚을 졌다. 1년의 긴 세월을 대단한 인내심으로 기다려 준 출판사 관계자들에게도 큰 감사를 드린다.

과학은 게으르지 않다. 끊임없이 발전하고 진화한다. 『신비한 공룡 사전』에서는 그동안 눈부시게 진화한 새로운 공룡의 세계를 볼 수 있을 것이다. 이 책을 통해 사람들이 공룡들과 즐거운 시간을 보냈으면 좋겠다.

스테고사우루스가 앉아 있는 연구실 책상에서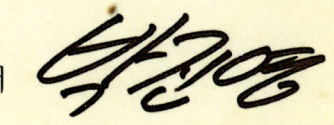

글쓴이 박진영
고생물학자이자 과학 책과 그림책을 쓰는 작가입니다. 강원대학교 지질학과를 졸업하고 전남대학교에서 고생물학을 전공해 석사 학위를 받았습니다. 현재는 서울대학교 지구환경과학부에서 고생물학 박사 과정을 밟고 있습니다. 중생대 도마뱀, 목긴공룡, 새의 화석에 관한 논문들을 냈으며, 지금은 아시아의 거북과 갑옷공룡 화석을 연구하고 있습니다. 지은 책으로는 『공룡이 그랬어요』, 『공룡이 돌아온다면』, 『박물관을 나온 긴손가락사우루스』, 『공룡은 재미있다』, 『박진영의 공룡 열전』 등이 있습니다.

그린이 이준성
공룡과 고생물을 전문으로 그리는 펠리오아티스트입니다. 현재 대학교에서 미술을 전공하고 있습니다. 『신비한 공룡 사전』은 처음 그린 도감입니다. 앞으로도 꾸준히 펠리오아티스트로 활동해서 더 많은 작업물로 찾아갈 예정입니다.

신비한 공룡 사전

1판 1쇄 발행 2018년 11월 15일
1판 2쇄 발행 2018년 12월 31일

글쓴이 박진영
그린이 이준성
펴낸이 남영하

편집 장미연 김영아 한경애 **디자인** 박규리 **마케팅** 주영상

종이 세종페이퍼 **인쇄** 미광원색사 **제본** 신안문화사

펴낸곳 ㈜씨드북 **등록** 제2012-000402호
주소 03997 서울시 마포구 월드컵로16길 52-23
전화 02) 739-1666 **팩스** 0303) 0947-4884
홈페이지 www.seedbook.kr **전자우편** seedbook009@naver.com
인스타그램 instagram.com/seedbook_publisher
페이스북 facebook.com/seedbook.kr **카카오스토리** story.kakao.com/seedbook
ISBN 979-11-6051-209-0 (73490)
글 ⓒ 박진영 2018, 그림 ⓒ 이준성 2018

이 책은 저작권법에 따라 보호받는 저작물이므로 무단 전재와 무단 복제를 금지하며,
이 책 내용의 전부 또는 일부를 이용하려면 반드시 저작권자와 ㈜씨드북의 서면 동의를 받아야 합니다.

책값은 뒤표지에 있습니다. 잘못 만들어진 책은 구입하신 서점에서 바꾸어 드립니다.

이 도서의 국립중앙도서관 출판예정도서목록(CIP)은 서지정보유통지원시스템 홈페이지(http://seoji.nl.go.kr)와
국가자료공동목록시스템(http://www.nl.go.kr/kolisnet)에서 이용하실 수 있습니다.
(CIP제어번호: CIP2018024762)